정진석 추기경의
행복
수업

정진석 추기경의 행복 수업

2014년 11월 4일 교회 인가
2014년 12월 6일 초판 1쇄 펴냄

지은이 | 정진석 추기경
펴낸이 | 염수정
펴낸곳 | 가톨릭출판사
편집 겸 인쇄인 | 홍성학
디자인 자문 | 김복태, 류재수, 이창우, 황순선
편집 | 가톨릭출판사 편집국
디자인 | 정해인

본사 | 서울특별시 중구 중림로 27
지사 | 경기도 고양시 일산동구 노첨길 65
등록 | 1958. 1. 16. 제2-314호
전자우편 | edit@catholicbook.kr
전화 | 1544-1886(대) / (02)6365-1833(영업국)
지로번호 | 3000997

ISBN 978-89-321-1389-0 03230

ⓒ 정진석, 2014

값 13,000원

인터넷 가톨릭서점 http://www.catholicbook.kr
직영 매장: 명동대성당 (02)776-3601, 3602/ FAX (02)776-1019
　　　　　가톨릭회관 (02)777-2521/ FAX (02)777-2520
　　　　　서초동성당 (02)313-1886
　　　　　서울성모병원 (02)2258-6439, (02)534-1886/ FAX (02)392-9252
　　　　　분당요한성당 (031)707-4106
　　　　　절두산순교성지 (02)3141-1886/ FAX (02)3141-1886
　　　　　미주지사 (323)734-3383/ FAX (323)734-3380

가톨릭의 모든 도서와 성물을 '인터넷 가톨릭서점'에서 만나 보실 수 있습니다.

성경 ⓒ 한국천주교중앙협의회, 2005

이 도서의 국립중앙도서관 출판예정도서목록(CIP)은 서지정보유통지원시스템 홈페이지(http://seoji.nl.go.kr)와
국가자료공동목록시스템(http://www.nl.go.kr/kolisnet)에서 이용하실 수 있습니다. (CIP제어번호 : 2014032560)

이 책은 저작권법에 의해 보호를 받는 저작물이므로 무단 전재와 무단 복제를 금합니다.

정진석 추기경의

행복 수업

정진석 추기경 지음

가톨릭출판사

이 책은 2013년 신앙의 해에 한 강연을 보충한 것입니다.

머리말

보람찬 나날을 엮어 가는 베틀 소리

"나는 행복합니다. 여러분도 행복하십시오."라고 작별 인사를 하고 세상을 떠나신 분이 있습니다. 요한 바오로 2세 성인 교황님이십니다. 그분은 평생 많은 사람에게 기쁨을 선사하는 보람찬 나날을 보내면서 가장 아름다운 비단을 짜는 베틀로 사셨을 것입니다. 그래서 찬란한 저녁노을을 환한 얼굴로 바라보면서 행복하라는 작별 인사를 저희에게 남기셨을 것입니다.

흔히 사람들은 인생을 '고통의 바다' 혹은 '서러운 눈물의 골짜기'라고 표현합니다. 태어나 삶을 살아가는 동안 우리는 질병으로 아파하고, 불의의 사고로 답답해하고, 이해받지 못해 서글퍼하고, 억울한 일을 겪어서 한숨 짓는 나날을 보냅니다. 그리고 죽을 때에 회한의 눈물을 흘립니다.

청명한 하늘에 햇빛이 비치는 날보다, 먹구름이 짙게 낀 하늘에 천둥 번개가 요란했던 날이 더 많았던 것처럼 느껴집니다. 기쁨의 노래를 부르던 시간보다 아쉬움과 서글픔의 한숨을 쉰 시간이 더 많은 것처럼 느껴지기도 합니다.

그러나 차분히 회상해 보면 실상은 비 온 날보다 맑게 개인 날이 훨씬 더 많았고, 깔깔대고 웃었던 순간이 눈물을 흘렸던 순간보다 훨씬 더 많았습니다.

평범한 가정에서 사랑받으면서 자라났다는 것이 얼마나 큰 축복입니까. 별탈 없이 각급 학교에 진학할 수 있었던 것도 과분한 은혜였습니다. 인격적인 면으로나 교양적인 면으로나 존경받아 마땅할 훌륭한 선생님들을 만나서 소중한 가르침을 받은 것도 큰 축복입니다.

하루하루를 건강한 몸으로 학교에 오가는 동안 태워다 준 대중교통도 고맙고, 주변에서 만나는 모든 분들이 호의로 보살펴 주신 점도 고맙습니다. 날마다 먹을 것을 마련해 주신 분들, 1년 내내 농사짓느라고 땀방울을 흘리신 분들을 비롯한 사회 공동체의 모든 분들이 저를 지금까지 잘 살 수 있도록 도와주신 점도 감사드립니다.

생명과 시간과 건강을 주신 하느님께 감사드리고, 사랑으로 키워 주신 가족들에게도 감사드립니다. 평생 길동무로 만났던 모든 분들이 저를 이 자리에 있도록 협조해 주셨음에 대해 진심으로 감사드립니다.

생명과 행복을 넘치게 베풀어 주신 주님의 은혜에 감사드리며 온 마음으로 찬미하면서 세상을 떠날 수 있게 되기를 소망합니다. 이 책의 원고를 정리해 준 정 알비나 수녀님과 가톨릭출판사 편집국 직원들과 서울대교구 홍보국에 감사드립니다. 서울대교구 가톨릭 미술가회 지영현 신부님이 독자들을 위해 좋은 그림을 찾아 주셨습니다. 감사드립니다.

2014년 3월 19일, 가톨릭대학교 성신교정 입학 60주년일

혜화동 신학교에서 저자 씀

목차

머리말 보람찬 나날을 엮어 가는 베틀 소리 · 5

제1부 행복하게 사는 인생
개인의 눈으로 본 인생

1. 인간의 근본적 질문 · 17
1) 보편적 질문 · 18
나는 누구인가? · 18 | 인생의 근본 과제 · 19
2) 삶과 죽음 · 20
피할 수 없는 죽음 · 20 | 인생의 평가 · 21 | 흙 · 22
3) 인생의 비유 · 22
베틀의 비유 · 22

2. 만물의 영장인 사람 · 26
1) 생물 중에 마지막으로 나타난 인간 · 26
창조주께 영광을 드리는 인간 · 27
2) 육체와 영혼이 결합된 사람 · 29
육체 · 29 | 영혼 · 31 | 육체와 영혼의 결합 · 33 | 영혼의 불멸성 · 34
3) 미성숙한 사람 · 35
수태된 배아 · 35 | 신생아 · 36
4) 각기 다른 개인들 · 38
쌍둥이도 다른 사람 · 38 | 공동체의 구성원인 개인 · 39 | 각자 가진 개성 · 40

3. 이성과 양심 · 42

1) 보이지 않는 힘 · 42
2) 원격 조종 장치 · 43
3) 이성 · 44
지성·45 | 의지·47
4) 하느님에 대한 인식 · 48
물질과 비물질의 창조주·48 | 우주의 질서·49 | 인체의 신비·49
영혼이 추구하는 가치·50
5) 양심과 도덕 · 50
양심의 의의·50 | 도덕적 선택·52
6) 양심의 판단과 명령 · 52
양심의 판단·52 | 양심의 명령·53
7) 양심의 함양 · 54
마비된 양심과 회복·54 | 양심 교육·54 | 양심 수양의 높은 경지·55

4. 자유와 사람의 길 · 56

1) 창조주와 피조물 · 56
제작자와 제품·56 | 기계의 성능과 목적·58 | 기계의 운전 규칙·59
피조물의 목적 달성·60
2) 길 위에서의 자유 · 60
보행 길·60 | 자동차 길·61 | 선박의 항로·62 | 비행기의 비행 항로·63 | 기찻길·63
천체의 궤도·64 | 사람의 도리·64
3) 자유의 의의와 책임 · 65
자유의 의의·65 | 자유와 책임·65 | 자유의 행사·67 | 자유에 대한 그릇된 생각·68
진리와 자유·69

5. 행위의 도덕성 · 71

1) 인간적 행위와 인간의 행위 · 71
인간적 행위·71 | 인간의 행위·71
2) 도덕성의 평가 요소 · 72
행위의 목적·72 | 행위자의 의향과 목적·72 | 행위의 정황·73

3) **선행과 악행** · 74
　　　　인도적 선행과 비인도적 악행·74
　　4) **죄의 근원** · 75
　　　　교만·76 | 인색·76 | 호색·76 | 분노·77 | 탐식·77 | 질투·78 | 태만·79

6. **윤리덕과 향주덕** · 79
　　1) **윤리덕** · 80
　　　　본성적 덕행·80 | 선행의 습관·80 | 덕은 하느님을 닮는 것·81
　　2) **사추덕** · 81
　　　　현명·82 | 정의·82 | 용기·84 | 절제·86
　　3) **향주덕** · 88
　　　　신덕·88 | 망덕·90 | 애덕·91

제2부 공동선을 추구하는 사람
공익의 눈으로 본 인생

1. 가정: 축복받는 보금자리 · 97
　　1) **혼인 준비** · 97
　　2) **혼인** · 99
　　　　남자와 여자·99 | 혼인의 합의·99 | 혼인의 효과·101 | 부부의 친교·102
　　3) **혼인 생활** · 103
　　　　심리적 일치·103 | 육체적 일치·105 | 사회적 일치·107 | 경제적 일치·109
　　　　교육적 일치·111 | 영신적 일치·113
　　4) **부부의 대화** · 116
　　　　부부 화합의 비결·117 | 신혼부부의 대화·119 | 중년 부부의 대화·119
　　　　대화의 요령·120
　　5) **생명의 전달자** · 121
　　　　엄마와 아기의 관계·121 | 부모와 자녀의 관계·124 | 행복한 가정·127

2. 사회생활 · 129

1) 공동체 · 129
함께 사는 사람·129 | 전통을 계승하는 공동체·130 | 다양한 공동체·131
세계 공동체·133

2) 공동선 · 134
행복을 추구하는 사람·134 | 공동선의 의의·135 | 공동선의 본질적 요소·135

3) 공권력 · 137
공권력의 의의·137 | 공권력의 행사·137 | 공권력 행사의 참여와 책임·138

4) 사회 정의 · 139
사회 정의의 의의·139 | 인격의 존중·140 | 불평등의 해소·141 | 인간의 연대성·142

5) 공동체와 규율 · 144
자연법과 양심·144 | 자연법과 국법의 관계·144 | 공동선과 국법의 관계·146
국법과 국민의 관계·146

3. 원만한 의사소통 · 147

1) 개인적 발언 · 147
의사소통의 필요성·147 | 자유로운 발언과 경청·149 | 타인의 의견과 명예의 존중·150

2) 언어의 본성 · 152
진실·152 | 거짓말·153 | 비방과 중상·154

3) 홍보 수단 · 156
홍보 수단의 유용성·156 | 사생활 보호·156 | 홍보 매체 이용자와 언론인·157
공권력의 의무·157

4. 인류 공동체 발전에 기여하는 사람들 · 158

1) 사람의 힘 · 158
개인의 힘·159 | 집단의 힘·161

2) 사람을 움직이게 하는 힘 · 161
타인을 움직이는 힘·161 | 자기 자신을 움직이는 힘·162
사람의 마음을 움직이는 힘·162 | 사람을 감동시켜 그 모범을 따르게 하는 힘·163

3) 길이 남을 선행 · 163
물질적 선행·163 | 지성적 선행·164 | 영원히 지속되는 선행·164 | 의인·164

4) 인생의 무대 · 165

제3부 진화하는 우주와 하느님의 섭리
과학의 눈으로 본 인생

1. 우주 · 171
  1) 우주론의 역사 · 171
  고대의 천문학·171 | 16세기 이후 천문학·172 | 현대의 천문학·173
  2) 빅뱅 이론 · 174
  우주 급팽창 이론·175 | 중력파·176 | 우주 배경 복사·177 | 별의 생성·178
  3) 물질 · 179
  물질의 원소·179 | 물질의 기본적 힘·181 | 에너지·182 | 전기의 힘·183
  물질이 존재하는 상태·184 | 물체·184

2. 우주에 존재하는 질서 · 185
  1) 인과율, 인과의 상응률 · 186
  우주의 근본 원인·187 | 원인과 결과의 상응률·188 | 미완성 우주와 하느님의 섭리·189
  2) 질서 · 190
  물질의 질서·190 | 인체의 질서·192
  3) 영원법 · 193
  영원법의 의의·193 | 영원법의 인식·194
  4) 자연법 · 195
  자연법의 의의·195 | 물리 법칙·196 | 윤리 법칙·198 | 예술 법칙·200

3. 생물과 생명 현상의 신비 · 201
  1) 생물이 존재하는 지구 · 201
  생물이 존재하는 조건·201 | 생명체가 존재하는 지구·202 | 생물의 발전 단계·203
  생물체의 구성 요소·204

2) **생명 현상** · 205
  세포·205 | 물질대사·205 | 성장·206 | 생식·206 | 항상성·207 | 적응·207

3) **생명론** · 208
  생기론·208 | 기계론·208 | 생명 전체론·210

4) **생명의 원리** · 211
  식물의 생혼·212 | 동물의 각혼·213 | 인간의 영혼·215

4. 진화론과 하느님의 섭리 · 215

1) **창조론과 진화론** · 215
  성경 말씀·215 | 진화론·216 | 상식에 대한 재검토·218
  진화론은 신의 섭리를 알아 가는 과정·220

2) **하느님의 섭리** · 222
  섭리의 개념·222 | 만물의 보존·223 | 하느님의 주관·223

3) **하느님의 섭리 법칙** · 224
  하느님의 영광과 인간의 행복·224 | 인간의 이성과 자유·225
  만물의 영장인 인간·228 | 인간의 청원 기도·228 | 섭리와 숙명론·229
  물리적 악과 윤리적 악·230

5. 고통의 문제 · 234

1) **물리적 악** · 236

2) **낙원 이야기** · 237
  선과 악을 알게 하는 나무 열매·237 | 하와와 아담의 범죄·240 | 하느님의 심판·242
  처벌·244 | 불순종의 비극적 결과·248

3) **아담과 그리스도** · 250
  아담을 통해 세상에 들어온 죄와 죽음의 상황·251 | 아담의 죄와 비교될 수 없는
  하느님의 은사·253 | 영원한 생명에 이르게 하는 은총의 통치·256

4) **길이요 진리요 생명이신 예수 그리스도** · 261

책을 끝내면서 하느님의 진리를 찾는 마음으로 · 264

찾아보기 · 267

제1부
행복하게 사는 인생

첫영성체 날 풍경
앙리 드 툴루즈 로트레크(Henri de Toulouse Lautrec, 1864~1901년), 1888년,
보드에 목탄과 유채, 오귀스탱 미술관, 툴루즈, 프랑스.

개인의 눈으로 본 인생

1. 인간의 근본적 질문

   날마다 급속도로 변하는 세상에서 살아남으려면 쉴 새 없이 움직여야 합니다. 흔히 사람들은 습관처럼 별생각 없이 아침에 일어나 고달픈 하루를 보내고 저녁에 잠자리에 듭니다. 그래도 가끔씩은 내가 왜 이 세상에 살게 되었는지, 사람은 무엇인지, 죽으면 어떻게 되는지 궁금해합니다. 연말이 되어 나이가 한 살 더 많아지게 되는 때에는 더욱 그러합니다.

   사람은 다 한 번만 살다가 죽습니다. 별로 한 일도 없는데 거대한 우주를 선물로 받고 사는 인생입니다. 그 인생을 증오와 분노로 스스로를 괴롭히며 보낼 것인지, 남을 배려하면서 사랑으로 보람찬 나날을 감사하며 행복을 누릴 것인지 생각해 보게 되는 시간입니다.

1) 보편적 질문

(1) 나는 누구인가?

사람은 누구나 부모로부터 태어났다가 죽습니다. 출생이 인생의 시작이고, 죽음이 인생의 끝입니다. 이것을 모르는 사람은 없습니다. 부모 없이 태어나는 사람은 아무도 없습니다. 즉 부모가 각 사람에게 생명의 근원입니다.

그럼에도 불구하고 올바른 인생을 살려고 하는 사람이라면 누구나 "인생은 어디서 와서 어디로 가는가?"라고 묻습니다. 한두 사람이 아니고 보편적으로 모든 사람이 그렇게 묻습니다.

"나는 누구인가?"는 인간의 근본에 관한 질문이고, "나는 어디로 가는가?"는 인생의 궁극적인 목표에 관한 질문입니다.

"나는 어디서 왔는가?"라는 물음은 자신의 부모 이외에 사람의 근원이 따로 있음을 인정한다는 뜻입니다. "나는 어디로 가는가?"라는 물음은 사람의 육신이 흙으로 돌아간 다음에도 지속되는 삶이 있음을 인정한다는 뜻입니다. 이것이 각 사람이 죽기 전에 반드시 깨달아야 할 인생의 가장 근본적인 과제입니다.

고대로부터 많은 철학자들이 이 질문을 거듭거듭 던지고 그 답을 얻고자 많은 고민과 탐구를 했습니다. 아리스토텔레스(Aristoteles)는 "인간은 이성적 동물이다."라고 말했습니다. 인간은 불완전하고 나약한 존재면서도 절대적 가치, 영원한 진리, 선, 아름다움을 추구합니다. 진리와 허위를 판별하고 선과 악을 구별하며 미와 추를 분별할 줄 압니다. 그러는 한편, 이치에 맞는 합리적인 생활을 하려고 노력하는 탁월한 존재입니다. 이런 점에서 '이성적 동물'이라는 뜻은 인간이 모든 피조물들 중에 가장 우수한 존재라는 뜻으로 해석됩니다.

그리고 파스칼은 "인간은 생각하는 갈대다."라고 말했습니다. 사람의 영혼은 절대적인 진리와 정의를 희망하고 추구합니다. 그런데 사람의 육체는 협박이나 유혹에 넘어가기 쉽습니다. 그래서 인간은 진리와 정의를 배반하면서 살기 쉬운 나약한 존재입니다. 영혼과 육체의 대립을 강조하는 뜻에서 파스칼은 "인간은 생각하는 갈대다."라고 말했을 것으로 여겨집니다.

오늘날 자신이 누구이고 어떻게 살아야 되는지에 대해서 확신을 가지고 사는 사람은 많지 않습니다. 오늘날에는 철학뿐 아니라 인류학, 심리학, 생물학, 사회학, 의학 등 모든 학문 분야에서 과학적인 방법을 동원해 인간이 무엇인지에 관해 계속 연구하고 있습니다. 우주여행을 할 수 있을 만큼 자연 과학이 발달했는데도 인간의 본질을 정확히 파악하지는 못하고 있습니다.

(2) 인생의 근본 과제

우주의 근원이나 인생의 근본 문제에 대해서 별로 신경을 쓰지 않고, 인생을 즐기는 일에만 관심을 가지는 사람들도 있습니다.

그 반면에 한 번뿐인 짧은 일생을 가장 보람 있게 사는 길을 찾는 사람들도 있습니다. 그리고 인생의 의의와 목적을 깨닫기 위해 노력하는 한편, 여러 사람들의 선익을 위해 헌신하는 삶을 사는 사람들도 있습니다.

잘났다는 사람들도 결국 자신의 삶에서 모든 원의를 이루지 못한 채 세상을 떠납니다. 세월이 흐르면서 어느 정도 욕망을 성취하겠지만, 결국에는 세월의 힘 앞에서 모든 것을 놓아 버리게 됩니다. 그날그날 자신을 괴롭혔던 온갖 욕망을 남겨 두고 떠날 수밖에 없습니다. 스스로 떠나지 않으면 남에게 떠밀리게 마련이며, 떠나고 나서 뒤돌아보면 부질없고 허망할 뿐입니다. 이 세상을 떠나는 몸은 처음 이곳에 왔을 때와 같은 '맨몸'일 뿐입니다.

2) 삶과 죽음

(1) 피할 수 없는 죽음

"인생에서 가장 확실한 것은 죽음이고, 가장 불확실한 것은 죽음의 때다."라는 라틴어 속담이 있습니다. 중세의 수도자들끼리는 서로 만나거나 헤어질 때 "죽음을 기억하라(Memento mori)."라고 인사했습니다. 유럽 묘지 입구에는 이런 문구가 흔히 쓰여 있습니다. "오늘은 내 차례, 내일은 네 차례(Hodie mihi, cras tibi)."

알몸으로 태어나는 아기는 무엇이든지 독점하려고 손을 꼭 움켜쥔 채 세상에 태어나지만, 죽을 때에는 모든 것을 버리고 손을 활짝 편 채 빈손으로 세상을 떠납니다.

맨손과 알몸으로 홀로 태어났다가, 빈손과 알몸으로 떠나는 것이 인생임을 우리 모두가 잘 알고 있습니다.

평생 호사를 누리며 자기 것이라고 주변에 자랑하면서 악착같이 움켜쥐고 있던 모든 것 즉, 재산과 학식, 재능, 사회적 지위와 명예, 권력 등 모든 가치들을 미련 없이 버리고 떠날 수밖에 없는 길이 죽음입니다. 한순간도 떨어질 수 없던 사랑하는 가족마저 죽음의 길에는 동반해 줄 수가 없습니다.

(2) 인생의 평가

우리 일생은 가치 있는 죽음을 준비하는 기간입니다. 젊을 때부터 죽음을 준비하는 훌륭한 인격자도 드물지 않습니다. "사람의 참다운 가치는 관 뚜껑을 덮은 다음에 비로소 알 수 있다."라는 말이 있습니다. 사람이 죽으면 평생을 어떻게 살아왔는지가 다 드러난다는 말입니다.

경멸받는 일생은 허망한 인생입니다. 대대손손이 자긍심을 가질 수 있는 조상으로 사는 것이 단 한 번의 인생을 보람 있게 사는 길이 아니겠습니까? "훌륭하게 살면 영원히 산다."라는 영어 속담이 있습니다. 사람이 죽으면 그의 신체는 더 이상 볼 수 없게 됩니다. 그러나 그의 선행의 업적이 존속되는 한 그는 영원히 살게 됩니다.

효자를 양육하고 떠나는 부모에게 그 효자의 선행은 영광이 되고, 그 효자의 선행을 통해서 조상의 생명이 연장되는 것입니다. 또 그의 후손들도 대대손손 조상의 영광이 될 것입니다.

훌륭한 인재를 양성하기 위해서 장학 재단을 설립한 사람은, 그 재단의 혜택으로 성공한 인재들이 많은 사람에게 도움이 되는 일을 계속하는 한 그의 생명은 연장되는 것입니다. 또 예술가들도 작품(조각, 미술, 음악, 문학 등)을 통해 생명이 연장되고 있습니다. 많은 사람들의 일상생활에 편리함을 제공하는 다양한 발명가들도 그 발명품이 유용하게 사용되는 동안 그 생명이 연장되는 것입니다. 사상가의 제자들은 스승의 이념을 후대 사람들에게 연속적으로 전파합니다. 그리하여 고대에 살았던 위대한 스승은 오늘날에도 많은 사람들의 마음속에 살아서 세상을 움직이는 크나큰 힘을 발휘합니다.

(3) 흙

사람이 죽으면 그 신체는 썩어서 흙으로 환원됩니다. 화장을 하는 경우에는 곧바로 재가 되어서 흙에 뿌려집니다. 성경에 보면 "너는 흙에서 나왔으니, 흙으로 돌아갈 때까지 얼굴에 땀을 흘려야 양식을 먹을 수 있으리라. 너는 먼지이니 먼지로 돌아가리라."(창세 3,19)라고 쓰여 있습니다.

또한 성경에 보면 "그때에 주 하느님께서 흙의 먼지로 사람을 빚으시고, 그 코에 생명의 숨을 불어넣으시니, 사람이 생명체가 되었다."(창세 2,7)라고 기록되어 있습니다. 첫 사람의 이름이 아담(Adam)입니다. 아시리아어의 '아다무'는 '창조' 또는 '탄생'을 뜻하는 말입니다. 그리고 히브리어의 '아다마(אדמה)'는 '붉은 흙' 또는 '진흙'을 뜻합니다. 그러니까 '아담'은 '흙으로 만들어진 사람'을 뜻하는 말입니다.

3) 인생의 비유

(1) 베틀의 비유

우리 인생은 옷감을 짜는 베틀로 비유할 수 있습니다.

최근에는 베틀이 무엇인지 모르는 사람이 많습니다. 방직 공장에서 기계로 옷감을 짜 내기 때문에, 일반 사람들은 그 제조 과정을 잘 모릅니다.

그러나 옛날에는 옷감을 파는 가게도 없었고, 더구나 옷을 파는 가게도 없었습니다. 그래서 가족들이 입을 옷을 집에서 지었고, 옷을 만들 옷감을 얻기 위해서 집집마다 나무로 만든 베틀을 갖고 있었습니다. 베틀에 길이가 긴 날실 여러 가닥을 연결하고, 그 날실들 사이를 북이 옆으로 왔다 갔다 하면서 씨실과 날실이 엮어지면, 비로소 천이 만들어집니다. 그러면 이 천으로 옷을 만듭니다. 부인이나 딸들이 자기 집안 식구들이 입을 옷을 만들 천을 매일 짰습니다. 그래야 명절에 새 옷을 입을 수 있었고, 평소에도 헐벗지 않고 말쑥한 옷을 입을 수 있었습니다.

하느님이 주시는 나날들은 베틀의 북이 왔다 갔다 하는 시간을 상징합니다. 일생 동안 하루하루를, 씨줄 사이를 왕래하는 날줄이 옆 사람에게 희망과 기쁨을 주는 날들로 엮어지는지, 보람찬 시간들이었는지 또는 옆 사람의 가슴에 못을 박는 원한과 슬픔을 주는 시간이었는지에 따라서 짜여지는 옷감이 아름다울 수도 있고 얼룩지고 지저분할 수도 있습니다. 세상을 떠나는 마지막 시간에 하느님께 보여 드릴 일생의 작품인 옷감을 자랑스럽게 펼칠 수 있다면 그 인생은 성공한 것입니다.

우리 인생은 365일 하루하루가 엮어져서 한 달이 되고, 열두 달이 엮어져서 1년이 되며, 그 1년이 70~80번 반복되면 세상을 떠나게 될 시간이 가까워지게 됩니다. 우리가 매일 만나는 옆 사람을 행복하게 해 주는 날은 보람찬 날입니다. 가정에서는 가족 한 사람 한 사람에게, 사회에서는 직장의 동료들과 길거리에서 만나는 행인들에게 미소 띤 얼굴로 희망과 사랑과 기쁨을 주는 날은 보람찬 성공의 날입니다. 그런 날은 행복한 마음으로 베틀에서 옷감을 짜기 때문에 아름답고 빛나는, 흠 없는 천이 짜여집니다.

그와 반대로 옆 사람 즉, 가족이나 직장 동료, 거리에서 만나는 행인에게 횡포를 부리거나, 마음에 상처를 주거나, 손해를 끼쳤다면 실패한 날입니다. 그런 날에는 후회하며 괴로운 마음으로 베틀에서 옷감을 짜기 때문에 올이 풀어지거나 흠집이 많으며 거칠고 불량한 옷감이 됩니다. 성공한 날에 짜는 것은 빛나는 천이 될 것이고, 실패한 날에 짜는 것은 지저분하고 더러운 천이 될 것입니다.

인생 80년이면 3만 일쯤 됩니다. 활동 시간이 하루 열 시간이면 베틀에 앉아 있는 시간이 30만 시간일 것입니다. 심장은 잠시도 쉴 수 없으니, 베틀도 계속 천을 짭니다.

인생에서 한 번 지나간 시간은 다시 돌아오지 않습니다. 내가 만든 옷감은 그림과 달라서 지우거나 덧칠할 수 없습니다. 또 흠집이 난 부분은 손질을 해도 매끄러워지지 않습니다. 또한 다시 짤 수 있는 기회도 없습니다. 일생을 마감할 때 각 사람이 짠 천의 어떤 부분은 빛나고, 어떤 부분은 지저분한 얼룩이 묻어 있을 것입니다. 내가 짠 천에서 빛나는 부분은 몇 퍼센트일까요? 각 사람은 자기가 일생 동안 짠 천으로 만든 옷을 입고 하느님 앞에 나아갈 것입니다.

365일 빛나는 옷감을 짜면서 사는 사람이 진정으로 행복한 사람이며, 많은 사람들로부터 박수를 받는 사람입니다. 그는 자기 인생의 목표를 성취한 위인입니다.

방직공
빈센트 반 고흐(Vincent Van Gogh, 1853~1890년), 1884년,
종이에 수채, 루브르 박물관, 파리, 프랑스.

인생의 마지막 날, 우리는 우리를 창조해 주시고 이 땅에 살게 해 주신 하느님 앞에 아름다운 옷을 지어 입고 나가야 합니다. 그것이 우리가 진정으로 원하는 성공한 삶입니다. 그날을 위해 우리에게 주어진 베틀과 씨줄, 날줄을 잘 알고 그 베틀의 사용법을 배워 익혀야 합니다.

2. 만물의 영장인 인간

1) 생물 중에 마지막으로 나타난 인간

과학자들의 설명에 따르면 약 138억 년 전에 빅뱅으로 우주가 존재하기 시작했다고 합니다. 그리고 약 38억 년 전에 지구 상에 생명체가 나타났다고 합니다. 또한 현재 지구에 살고 있는 유기체가 500~3천만 종 정도가 있을 것으로 추정되는데, 지난 38억 년 동안 존재했던 모든 생물의 종은 그보다 훨씬 많다고 합니다. 다양한 종류의 생물들이 출현했다가 소멸되면서 마지막 단계로 가장 진화한 인간이 이 지구 상에 나타난 것은 대략 16만 년 전이라고 합니다.

그 많은 생물 중에 왜 마지막으로 사람이 나타났을까요?

우주 만물은 이를테면 하느님의 놀라운 작품입니다. 그런데 지구에 존재한 물질과 식물, 동물들은 자기들의 존재에 대해서나 자기를 만들어 준 분이 어떤 분인지 인식할 능력이 없습니다. 인간 이외의 피조물들은 그 본성에 따라 존재함으로써 하느님을 찬양하기는 하지만, 지성이 없기 때문에 제 목소리를 내지는 못합니다.

예술가가 명작을 만들었는데 인정해 주는 사람이 없으면 얼마나 허탈하겠습니까? 그 분야의 권위자로서 명망이 높은 사람이 걸작품이라고 칭찬해 주면 작가에게 영광이 되지 않겠습니까? 인간이 있기 전에 우주가 얼마나 오랫동안 존재해 왔는지 정확히 모르지만, 이전에는 우주에 관해서 관찰하고 평가해 주는 존재가 없었습니다. 인간이 지상에 나타남으로써 비로소 우주가 그 존재에 관한 의의를 가지게 되었습니다. 인간이 존재하기 이전부터 이를테면 별들이 연출하는 우주쇼가 있었지만, 그 존재를 인식하고 그 질서 있는 아름다움을 감탄하고 찬미하는 지성적 관중이 없었다는 말입니다.

모든 피조물 중에 자의식(自意識)을 가지는 인간만이 질서 정연하게 창조된 우주 만물의 아름다움을 인식하고 제 목소리로 창조주 하느님을 찬미할 수 있습니다.

그래서 하느님께서 우주 창조의 마지막 순서로 하느님의 모습을 닮은 영혼을 넣어 사람을 창조하신 것입니다. 그러니까 인간은 피조물 중에 한 자리를 차지하지만 창조에 있어서 독특한 존재입니다. 인간에게는 지능과 자유 의지와 양심이 있어서 그를 통해 피조물들을 통치하고 활용하며 지배하기 때문에 만물의 영장(靈長)이라고 부르는 것입니다.

(1) 창조주께 영광을 드리는 인간

모든 피조물 중에 오직 인간만이 지성과 자유 의지와 양심의 능력을 가진 영혼을 지니고 있고, 그 덕분에 창조주를 인식하고 찬미할 수 있는 능력이 있습니다. 그래서 사람 역시 피조물임에도 불구하고, 영광스럽게도 하느님의 생명에 참여하도록 부르심을 받았습니다. 이것이 인간이 창조된 이유이고, 인간 존엄성의 근본적 기초입니다. 이것을 성경에서 '하느님의 모습을 닮은 존재'라고 표현한 것입니다.

인간은 물질로 이루어진 육체와 하느님의 모습과 비슷하게 창조된 영혼이 결합되어 있는 독특한 존재입니다. 그런 만큼 인간은 모든 피조물을 대표해 물질적 우주에 대한 감사를 순수한 영이신 하느님께 바칠 수 있는 중개자로서 존재합니다. 인간은 하느님과 물질을 중개하는 존재입니다. 말하고, 웃고, 감탄하며, 사회를 조직하고, 힘들여 배운 것을 토대로 해서 인류 사회를 발전시키는 인간이 지구에 나타남으로써 비로소 우주 창조가 완성되는 것입니다.

경험하는 주체인 지성과 그 경험의 대상인 사물이 공존함으로써 우주 창조가 마무리된 것입니다. 영혼을 지닌 인간이 있기 전에는 우주 창조가 미완성이었습니다. 다시 말하면, 인간은 모든 피조물들의 존재와 질서를 인식함으로써 그것들을 창조하신 분의 전능하심을 찬미하며, 질서 있는 우주 안에 인간을 만물의 영장으로 존재하게 해 주신 하느님께 감사하고 경배하도록 창조된 것입니다. 그리고 창조주께서 인류에게 맡겨 주신 뜻에 따라 피조물들을 성실히 관리하고 선용함으로써 하느님의 창조 사업 발전에 참여해 하느님께 영광을 드리도록 존재하게 된 것입니다. 이것이 우주 만물 중에 인간이 마지막으로 창조된 이유입니다.

구약 성경의 시편 저자는 사람의 존귀한 지위에 대해 하느님께 감사드렸습니다. 오늘날에도 성직자들과 수도자들이 매일 이 시편을 통해서 하느님께 찬미를 드리고 있습니다.

"우러러 당신 손가락이 만드신 저 하늘하며 굳건히 이룩하신 달과 별들을 보나이다. 인간이 무엇이기에 아니 잊으시나이까. 그 종락 무엇이기에 따뜻이 돌보시나이까. 천사들보다는 못하게 만드셨어도 영광과 존귀의 관을 씌워 주셨나이다. 손수 만드신 모든 것을 다스리게 하시고 삼라만상을 그의 발아래 두시었으니 통틀어 양 떼와 소들과 들짐승하며 하늘의 새들과 바다의 물고기며 바다 속 지름길을 두루 다니는 것들이오이다."(최민순 역, 《시편과 아가》, 시편 8,4-9)

2) 육체와 영혼이 결합된 사람

[1] 육체
① 인체를 구성하는 원소
과학자들이 알아낸 우주에 존재하는 물질의 원소는 118개라고 합니다. 인체는 어느 생물보다도 많은 90개의 다양한 종류의 원소들로 구성되어 있다고 합니다.

② 인체의 세포
인간의 신체에는 평균 60조 개의 세포들이 있다고 합니다. 체구가 왜소한 사람의 세포 수는 30조 개 정도고, 체구가 큰 사람의 세포 수는 100조 개 정도라고 합니다. 사람 세포는 중심에 46개 염색체가 들어 있는 핵(核)이 있고, 그 언저리에 세포질이 있고, 겉은 세포막이 둘러싸고 있습니다. 순환 기관계, 소화 기관계, 호흡 기관계, 배설 기관계, 생식 기관계, 골격 기관계, 운동 기관계, 신경 기관계, 감각 기관계, 내분비계 등 220가지 종류의 기관들은 많은 세포들로 정교하게 구성되어 있습니다. 인간은 그렇게 이루어진 생명체입니다.

따라서 인체는 그 구성 물질 면에서 보더라도 작은 우주(micro cosmos) 또는 우주의 축소판이라고 일컬어지기에 걸맞습니다.

③ 정밀한 기계인 인체

인간이 제조한 어떠한 첨단 정밀 기계보다도 더 정교한 기계가 인체입니다. 눈만 보더라도 인간이 만들어 낸 어느 카메라보다도 우수합니다. 인체에는 치명적 손상을 입지 않는 한 약간의 손상을 입으면 스스로 치유하고 생명 활동을 회복하는 신통한 능력도 잠재되어 있습니다.

사람은 육체적 차원에서도 물질세계의 요소들을 그 안에 집약하고 있습니다. 즉 물질세계는 인간을 통해서 그 정점에 도달하며, 인간을 통해서 자유로이 창조주를 찬미합니다. 따라서 인간은 육체적 생명을 천시해서는 안 됩니다. 오히려 하느님께서 창조해 주셨고 마지막 날에 부활하게 될 그 육체를 선한 것으로 여기고 존중해야 합니다.

④ 신진대사

사람의 육체에서는 머리털, 손톱, 발톱뿐 아니라 살과 뼈와 오장육부의 모든 세포도 날마다 끊임없이 신진대사(新陳代謝)를 하면서 새로운 세포가 생성되고 늙은 세포는 죽어서 버려집니다. 그래서 몸 전체의 세포가 7년마다 전부 물갈이된다고 합니다. 80년을 산 사람의 경우 육체의 모든 세포가 열 번 이상 완전히 물갈이됩니다.

⑤ 인간 생명의 원리

사람은 어릴 때의 육체와 늙은 후의 육체가 전혀 다릅니다. 성형 수술을 한 경우 얼굴만 보고서는 같은 사람인지 알기 어려운 경우도 있습니다. 교통사고로 팔다리를 잃고 의수나 의족을 사용하거나, 심장에 병이 생겨서 인공 심장으로 대체하는 경우도 있습니다.

그러나 사람은 어렸을 때나 늙었을 때나 동일한 사람입니다. 따라서 끊임없이 바뀌는 육체의 연속성을 보장해 주는 원리가 분명히 있습니다. 신체를 구성하는 다양한 물질들을 엮어서 하나의 생명체로 만드는 비물질의 원리가 반드시 있어야 합니다. 이 원리가 영혼입니다. 물질인 원소들이 영혼 덕분에 지극히 정교하게 조직된 인체가 되어 만물의 영장인 사람으로 살아 있는 것입니다.

(2) 영혼

만일 부모가 자녀의 유일한 원인이라면, 같은 부모에게서 태어난 형제자매들은 모두 같아야 합니다. 그리고 부모가 바라는 인간형의 자녀만 태어나야 할 것입니다. 그런데 사실은 그렇지 않습니다. 사람은 부모로부터 그 육신을 물려받지만 영혼은 하느님으로부터 직접 받습니다. 부부 사이에서 사랑의 행위로 수태된 배아에 하느님께서 영혼을 넣어 주시고, 그 태아가 자라 아기로 태어납니다.

하느님은 인류 역사상 존재했던 모든 사람의 영혼을 한꺼번에 만든 것이 아니고, 사람마다 각각의 영혼을 만들어 주십니다. 그러므로 한 사람의 탄생은 새로운 창조입니다. 아담의 영혼을 창조하신 하느님이 오늘 잉태되는 아기의 영혼도 창조하십니다. 16만 년 전 쯤에 창조된 첫 사람의 영혼을 만드신 하느님이 오늘 잉태된 아기의 영혼도 만드셨다는 설명을 어떻게 이해할 수 있을까요?

이는 시간과 공간에 제한을 받는 인간이 볼 때에는 불가능합니다. 그러나 시간과 공간을 초월해 언제나 현재로 계시는 하느님에게는 가능합니다. 이것이 "하느님은 영원하시다."라는 말의 뜻입니다. 영원하신 하느님은 언제나 현재로 존재하시면서 창조된 우주 만물을 섭리하십니다.

사람의 육체는 모두 같은 물질로 만들어졌습니다. 그런데 동일한 부모로부터 출생한 형제들이 각기 다른 개성과 인간성을 가지는 것은 각자의 영혼이 다르기 때문입니다. 그래서 영혼은 자아(自我)와 동의어(同義語)로 간주되기도 합니다.

사람의 주체는 그의 육체가 아니고 그의 영혼이기에, 아기 때나 80세가 된 때나 동일한 사람입니다. 이 영혼은 인간 지성과 의지의 주체이고, 육체를 통해 양심의 소리를 따라 자유롭게 선택할 능력을 행사하는 주체입니다.

성경에서는 영혼이라는 말이 종종 인간의 생명이나 인격 전체를 의미합니다. 또한 이 말은 인간의 가장 내밀한 것, 가장 가치 있는 것을 가리킵니다. 영혼은 인간의 영적 근원을 가리키는 것입니다.

사람의 영혼이 지성적 작용과 지성적 생활의 원리입니다. 신체의 실제 형상이 영혼이라는 것은 인간의 본성으로부터 알 수 있습니다.

영혼의 존재를 부정하고 사람의 정신 활동이 뇌에서 나온다고 주장하는 이들이 있습니다. 그러나 사람이 뇌사 상태에 빠진 경우에도 그 사람의 영혼이 떠나지 않았기 때문에 아직 살아 있는 것입니다. 영혼은 육체 전체에, 모든 부분들 속에 온전히 있습니다.

영혼은 비물질적 실체인 만큼 물리적으로 파괴되거나 화학적으로 화합되거나 분해되지 않습니다. 영혼이 떠나고 나면 육체는 시체가 되어 전체로서나 부분으로서나 더 이상 생명 활동을 하지 못합니다.

(3) 육체와 영혼의 결합

육체와 영혼으로 단일체를 이루는 인간은 물질세계의 요소들을 집약하고 있습니다.

살아 있는 인간의 육체는 영혼을 통해 생명력을 얻습니다. 인간은 하느님의 모습과 닮게 창조된 영혼 덕분에 하느님의 생명에 참여할 특은을 받았습니다.

인간은 맹수에 비해 공격적 무기도 없고, 소나 말에 비하면 방어적인 무기도 없는, 가장 불리한 고등 동물입니다. 그럼에도 불구하고 영혼 덕분에 만물을 지배하고, 이용하며, 다스립니다.

사람은 완전하고 영원한 진·선·미를 갈망하고, 자유와 양심의 소리를 따르며, 영원과 행복을 갈망합니다. 이러한 것들을 통해서 인간은 자기 영혼의 표지들을 파악할 수 있습니다. 영원을 갈망하는 소망을 품은 씨앗은 물질로는 환원될 수 없는 것입니다. 따라서 우리 영혼의 근원은 하느님뿐입니다. 그러므로 어린이와 장애인을 포함한 모든 사람의 존귀한 인권과 인격이 모든 이들로부터 합당하게 존중받아야 합니다.

영혼과 육신의 단일성은 영혼이 육체의 형상으로 드러났다고 생각해야 할 만큼 심오합니다. 말하자면 물질로 구성된 육체가 인간의 육체로서 살아 있는 존재가 될 수 있는 것은 영혼 덕분입니다. 정신과 물질로 결합된 인간은 두 개의 본성이 아니라, 하나의 단일한 본성을 지닙니다.

스콜라 철학에서는 모든 사물은 질료(質料, materia)와 형상(形相, forma)으로 이루어진다고 설명합니다. 질료와 형상이 하나로 합해진 것이 사물입니다. 인간의 질료는 육체이고, 인간의 형상은 영혼입니다. 육체와 영혼이 합해 단 하나의 사람이 됩니다.

육체와 영혼의 결합이 얼마나 긴밀한지는 굳이 말할 필요조차 없습니다. 영혼과 육체가 하나로 결합되어 있기 때문에 지성 행위가 육체의 영향을 많이 받게 되는 것은 피할 수 없는 자연 현상입니다.

"건강한 신체에 건전한 정신이 깃든다."라는 격언도 있습니다. 그래서 몸이 몹시 아프면 정신이 제대로 작용을 하지 못합니다. 또 감정이 상하면 지능 사용에도 영향을 미칩니다.

(4) 영혼의 불멸성

사람이 죽음을 맞이하는 때에는 무의식 상태로 떨어지지만, 이것은 영혼의 기능이 정지된 것이지 결코 소멸된 것은 아닙니다. 영혼이 비물질적인 신령한 실체인 이상, 비록 그 기능은 잠시 정지된다 할지라도 그 실체가 없어지지는 않습니다. 마침내 영혼이 육신을 떠난 다음에는 영혼의 의식이 다시 살아납니다.

영혼은 그 본질 자체가 불멸입니다. 그런데 불멸로 남아 있는 영혼들이 모두 같은 처지에 있는 것은 아닙니다. 사람이 죽으면 정의의 하느님이 그 사람의 생전의 행실을 심판해 상이나 벌을 내리십니다. 그때부터 선인들에게는 참행복이 시작되고, 악인들에게는 혹독한 불행이 시작됩니다. 그리스도교 신자들은 영혼의 존재와 불멸성(不滅性)을 믿습니다.

3) 미성숙한 사람

(1) 수태된 배아

부부 사랑의 행위로 수태된 배아는 영혼이 결합된 생명체로서 수태된 즉시 세포 분열이 시작되고, 이후 태아로 성장합니다. 작은 세포들이 복잡한 인간의 생명을 만들어 낸다는 것은 참으로 신비스러운 일입니다. 수태된 배아는 가능태(可能態)의 인간(homo in potentia)입니다. 즉 미완성의 육체를 가진 미래의 인간이 될 존재라는 뜻입니다. 그러므로 인간의 생명은 임신되는 순간부터 철저하게 존중받고 보호받아야 합니다.

수태된 배아는 발아기와 배아기를 거쳐 8주가 지나면 태아라고 불리게 됩니다. 배아는 생명체이기는 하지만 아직 인간이 아니라고 주장하는 학설이 있습니다. 따라서 배아는 낙태를 하더라도 사람을 죽이는 것이 아니라고 주장합니다. 그런데 배아가 아직 인간이 아니라면 장차 무엇이 될 생명체입니까? 개나 고양이가 될 존재입니까? 잉태된 배아는 하루가 지나지 않았더라도 장차 틀림없이 사람으로 태어날 생명체입니다. 그러니까 잉태된 배아는 바로 영혼이 결합된 미래의 사람으로 출생될 가능태에 있는 사람입니다. 배아는 임신되는 순간부터 인간 대우를 받아야 하므로 가능한 한 다른 사람들과 마찬가지로 완전하게 보호받고 보살핌과 치료도 받아야 합니다. 그러므로 직접적이든 고의적이든 낙태는 도덕률의 중대한 위반 행위입니다.

죄가 없는 사람의 생명에 대한 불가침의 권리는 태아까지 포함한 모든 사람의 기본 권리입니다. 시민 사회와 정치권력은 인간의 양도할 수 없는 생명권을 인정해야 합니다. 인간의 생명권은 어느 한 개인이나 부모에게 의존하는 것이 아닙니다. 또한 어느 사회나 국가가 특권으로 제시하는 것도 아닙니다. 인권은 인간 본성에 속하는 것입니다. 이러한 기본권에는 임신되는 순간부터 죽는 날까지 모든 인간이 가지는 생명권과 육체적 완전성에 대한 권리가 포함됩니다.

염색체나 유전 물질을 변화시키려는 시도들은 치료 목적이 아니라, 특정한 성(性)이나 미리 정한 다른 기준에 따라서 우수한 인간을 선택적으로 만들어 내려는 목적으로 이루어지고 있습니다. 그러나 이러한 조작들은 인간 존재의 개별적인 존엄성과 온전성, 그리고 주체성에 어긋나는 것입니다.

(2) 신생아

출산된 신생아는 현실태(現實態)의 인간(homo in actu)입니다. 신생아는 사람으로 태어났으나 미성숙한 육체를 가진 인간입니다. 태어난 신생아의 몸은 놀랄 만큼 빠른 속도로 성장합니다. 태아의 뇌는 임신 초기부터 자라는데, 특히 임신 6개월이 지나서부터 매일 약 5천~6천만 개의 뇌세포가 만들어질 정도로 급격하게 자랍니다. 신생아는 1천억 개가 넘는 뇌세포를 가지고 태어나며, 태어난 이후에도 지속적으로 발달합니다. 그리고 몸에 있는 세포들은 끊임없는 신진대사를 계속합니다.

"빛이 생겨라."(창세 1,3)라는 말씀으로 우주를 창조하셨던 바로 그 하느님께서 각 사람을 우주 만물 가운데에 한 부분으로 이 세상에 존재하게 하십니다.

아기는 태어나자마자 빅뱅으로부터 시작된 '빛'을 보게 됩니다. 사람은 하느님 앞에서 생명의 빛 속에서 걸어가도록 태어나는 것입니다(시편 56, 14 참조).

아기는 엄마의 어두운 자궁 속에서 열 달 동안 갇혀 있다가 출생하는 순간, 세상의 밝은 빛에 눈이 부셔서 감격에 겨운 탄성을 지릅니다. 갓 태어난 아기는 소리를 질러 기도(목구멍)를 열어 숨을 쉬어야 삽니다.

출산을 도와주는 의사는 신생아가 탄생의 소리를 내지 않으면, 곧바로 아기 엉덩이를 쳐서 울게 합니다. 원조가 낙원에서 쫓겨난 이후, 이 세상이 생로병사(生老病死)의 여정(旅程)이라는 것을 출생한 아기에게 미리 알려 주려고 때려서 울리는 것일까요?

새가 짹짹거리는 소리를 내는 것을 한국말로는 "새가 운다."라고 말하지만, 영어로는 "새가 노래한다."라고 표현합니다. 실상 새가 소리를 내는 뜻은 서럽다거나 즐겁다는 감정을 표현하는 것이 아닐 것입니다.

한국인은 마음속에 한 맺힌 일이 많아서 각종 생물이 내는 소리를 '운다'고 표현하는 것 같습니다. 예를 들어 매미나 개구리가 짝을 찾기 위해 내는 소리도 '운다'고 말합니다.

사람은 행복에 겨워도, 감격이 넘쳐도, 기막히게 억울해도, 지극히 서러워도, 펄쩍펄쩍 뛸 만큼 기뻐도 눈물을 흘립니다. 그러니까 사람은 항상 슬플 때만 눈물을 흘리는 것은 아닙니다.

4) 각기 다른 개인들

(1) 쌍둥이도 다른 사람

이 세상에는 65억 내지 70억의 인구가 살고 있습니다. 인류의 시작부터 따지면 그 오랜 세월 동안 무수하게 많은 사람이 살았지만, 똑같은 사람은 한 사람도 없었답니다.

쌍둥이라도 각각 영혼이 다른 사람으로 탄생하는 것입니다. 육체의 측면에서 볼 때 부모가 같은 형제자매는 DNA뿐 아니라 생각이나 성격이나 욕구도 똑같은 사람들이어야 하지 않습니까? 그런데 일란성 쌍둥이라도 서로 생각도, 취미도, 원하는 것도 모두 다릅니다. 왜 그럴까요? 바로 영혼이 다르기 때문입니다.

다섯 살 때 이별한 허 모 씨 쌍둥이 자매는 30년 만에 재회해 2010년에 서울 이태원의 한집에서 살게 되었습니다. 그런데 성격 차이, 연애 문제 등으로 갈등이 심해져서 2년 동안에 31건의 고소 전쟁까지 했답니다. 경찰은 "명예 훼손, 폭행, 절도, 위증, 손괴(損壞) 등 고소 내용이 다양해서 고소계의 종합 선물 세트입니다."라고 말했습니다(윤형준, 〈조선일보〉, 2012년 11월 30일 자).

육체가 닮은 쌍둥이는 제삼자가 구별하기 어렵습니다. 그래서 서로 간에 연인을 가로채거나 제삼자에게 사기를 치는 등등의 사건이 발생하기도 합니다. 이처럼 쌍둥이라 해도 영혼이 각기 다르기 때문에 서로 고소까지도 하게 되는 각자 다른 사람들입니다.

(2) 공동체의 구성원인 개인

하느님이 각 사람을 서로 다른 독특한 존재로 창조하시는 이유와 목적은 무엇일까요?

사람마다 서로 다르다는 것은 각자의 장점과 단점이 각기 다르다는 뜻입니다. 바꾸어 말하면 세상에는 단점과 결점이 없는 완전한 사람이 없다는 뜻이기도 합니다. 불완전한 사람들이 함께 살아야 하는 공동체에서 단점과 장점이 다른 사람들이 상호 협조하면 서로 보완이 되어 더 좋은 공동체가 됩니다.

단점이나 결점이 없는 완벽한 사람이라면 세상을 살아 나가기 위해 필요한 모든 것을 자기 혼자의 능력만으로 해결할 수 있을 것입니다. 따라서 모든 사람이 완벽한 사람들이라면 굳이 함께 모여 살 이유가 없을 것입니다. 사자나 호랑이 같은 맹수의 수컷은 혼자 살면서 자기의 영역을 침범하는 온갖 생물을 정복합니다. 사람이 집단생활을 하는 중요한 이유 중 한 가지는, 고등 동물들 중에서 공격력이나 방어력이 가장 취약한 몸을 가진 존재이기 때문일 것입니다. 다행히 인간은 지성을 가진 덕분에 집단적으로 협력하면 만물을 지배할 수 있습니다.

출생과 성별도 다르고, 가정 환경도 다르고, 교육도 다르게 받은 남녀가 결혼하면, 각자가 가진 서로의 장점과 단점이 보완되어 행복한 가정생활을 하게 됩니다. 행복한 가정생활을 하는 사람들이 민족 공동체나 국가 공동체를 구성하면, 그 민족과 국가는 인류 문화의 발전을 위해 큰 공헌을 하게 됩니다.

장점과 단점이 다르고, 의견도 다른 사람들이 협조하려면 우선 상호 간에 의사소통이 되어야 합니다. 공동체를 이루는 구성원끼리 각기 다른 자신의 장단점을 올바르고 솔직하게 인식하고, 동시에 상대방의 장단점도 정당하게 존중해 줘야만 서로 협력할 수 있습니다. 만일 공동체 구성원들 각자가 서로 자기의 단점을 부정하거나 상대방의 장점을 존중하지 않는다면, 원만한 공동체가 성립될 수 없을 것입니다.

그리고 상대방의 입장에서, 상대방의 의사 표시를 올바로 이해해야 합니다. 서로가 상대방의 원의를 알고 상대방의 입장에서 이해하게 되면 공동체의 선익을 위해 자발적으로 협조하게 될 것입니다. 각기 독특한 재능을 가진 사람들이 자기가 속한 공동체 안에서 서로 협동해 여러 사람들에게 선행과 사랑을 베푸는 사회적 동물로 사는 것이 인간의 본성입니다.

(3) 각자가 가진 개성

하느님께서 각 사람을 창조해 지상에 존재하게 해 주셨습니다. 하느님께서 각 사람을 우주 만물 가운데에 존재하는 우주의 한 부분으로 만들어 주셨지만, 그 각각은 우주의 별 볼 일 없는 장식품으로만 존재하는 것이 아닙니다.

하느님이 주신 이성적인 영혼 덕분에, 하느님을 닮은 모습으로 창조된 모든 사람은 동등한 존엄성을 지니고 있습니다. 부모에게서 생명을 이어받은 사람은 태어날 때부터 각자의 육체적, 정신적 생명의 발전에 필요한 모든 것을 갖추고 있지는 않습니다. 따라서 이 세상에는 똑같은 사람이 아무도 없습니다.

존재하는 모든 것은 목적이 있다는 것이 철학의 가르침입니다. 모든 제품은 그것을 만든 제작자가 목표를 갖고 만든 것입니다. 시계는 그 제작자가 정확한 시간을 표시하라는 목적을, 전기밥솥은 그 제작자가 밥을 잘 지으라는 목적을, 자동차는 그 제작자가 안전하고 빨리 달리라는 목적을 정해 주었습니다. 제작자가 정해 준 목적을 잘 수행하는 것이 좋은 제품입니다.

70억 인구에 속하는 각 사람은 모두 독특한 존재입니다. 각자에게 독특한 사명을 부여하시어 각 사람을 존재하게 하신 분의 특별한 작품이므로, 우리 모두는 우리를 존재하게 하신 분의 각별한 관심의 대상입니다. 우리를 존재하게 하신 하느님의 뜻을 구현하는 것이 각자의 존재 이유이자, 인생의 목표입니다.

우리를 이 세상에 있게 해 주신 하느님은, 우리 각각의 인생 목적을 정해 주십니다. 우리는 이것을 소명이라고 말합니다. 하느님이 정해 주신 목적, 즉 소명을 잘 달성하는 것이 성공한 인생을 사는 길입니다.

왜 이 세상에 태어났고, 어떻게 살아가는 것이 올바르게 사는 것이며, 인생의 목적을 어떤 방법으로 달성할 수 있을까요? 우선 각자 자기의 인생의 목적을 자각하고, 그 목적 달성을 도와줄 천부적인 재능을 발전시키기 위해 노력해야 합니다. 천부적인 소질이 있어도 김연아 선수처럼 어려서부터 혼신의 힘을 다 쏟아부어야 세계 제일의 선수가 될 수 있습니다.

물론 남자와 여자는 인격으로는 완전히 평등하지만 존재의 특성에서는 차이가 납니다. 그러나 성별, 인종, 언어, 종교, 지위 등의 차이 때문에 받는 차별 대우는 하느님의 뜻에 어긋나는 것이므로 개선되어야 합니다.

무한히 자비하신 하느님은, 당신의 복된 생명에 참여하도록 자유로이 인간을 창조하셨습니다. 하느님은 사람들 각자를 부르시며, 있는 힘을 다해 당신을 찾고, 알며, 사랑하도록 도와주십니다.

3. 이성과 양심

1) 보이지 않는 힘

"봐야 믿는다."라는 말이 있습니다. 또 "백문(百聞)이 불여일견(不如一見)"이라는 말도 있습니다. 백 번을 들어도 한 번 보는 것만 못하다는 말입니다. 재판을 할 때에는 사건 현장을 직접 눈으로 본 목격자의 증언이 중요한 증거가 됩니다. 눈으로 보는 것의 중요성을 강조하는 좋은 예입니다.

그런데 사람의 시각은 가시광선(可視光線)만 볼 수 있는 한계가 있습니다. 보통 인간의 눈은 380~800nm(빛의 파장처럼 짧은 길이를 나타내는 단위로, 1nm는 1m의 10억분의 1)까지 범위의 파장을 감지합니다. 사람은 시력을 보충하기 위해 안경을 쓰거나, 현미경이나 망원경을 이용합니다. 현대에는 전자 현미경이나 전자 망원경까지 이용합니다. 그래도 병원에서 사용하는 여러 가지 첨단 의료 장비들, 즉 인체를 통과하는 X선이나 초음파 같은 것들이나 전자파 등과 우주 배경 복사 같은 것은 사람의 눈으로 볼 수 없습니다.

하느님이나 영혼은 보이지 않기 때문에 믿을 수 없다고 말하는 사람도 있습니다. 그런데 사실 인간의 인식 능력은 미소합니다. 현미경이나 망원경이 없으면 보이지 않는 것이 얼마나 많습니까? 그뿐 아니라 물질이 아니기 때문에 아예 보이지 않는 것들도 무수히 많습니다.

세상에는 매우 다양한 힘이 있습니다. 힘은 눈에 보이지 않습니다. 그러나 다양한 힘이 우주에 가득 차 있습니다. 물질에서 나오는 중력이나 전자기력이나 원자핵의 힘 등 여러 가지 물리력(物理力)도 있고, 동식물의 생명력이나, 사람에게서 나오는 체력, 지력, 의지력, 지도력 등도 있지만, 그 힘들은 사람의 눈으로는 볼 수 없습니다.

그런데 이러한 힘들은, 힘이 작용하는 현상을 통해 그 존재를 확인할 수 있습니다. 예를 들면 전기는 눈에 보이지 않지만, 그 존재는 빛, 열, 동력 등으로 나타납니다. 또한 현대인은 전자기파를 이용한 여러 가지 원격 조종 장치를 이용합니다.

2) 원격 조종 장치

원격 조종 장치(remote control) 즉 리모컨은 전자를 물질파로 활용하는 장치입니다. 가정마다 사용하는 텔레비전, 에어컨을 비롯한 여러 가지 가전제품들뿐 아니라 전등과 대문, 자동차 문, 무인 비행기도 원격 조종 장치로 조종합니다. 인공위성도 마찬가지입니다.

휴대폰은 어린이들까지 잠시도 손에서 놓지 않을 만큼 모두가 사용하고 있습니다. 휴대폰은 음성이나 영상을 전파 신호로 바꾸어 지구 반대편까지 발신하기도 하고, 발신된 전파 신호를 수신해 음성이나 영상으로 재생하기도 하는, 놀라운 기능을 가진 조그마한 무선 전화기입니다.

하루가 다르게 발전하는 이 휴대폰은, 사진기와 텔레비전뿐만 아니라 인터넷과 컴퓨터의 기능까지 포함한 매우 다양한 성능을 발휘하는 놀라운 발명품으로 발전하고 있습니다.

전 지구 위치 파악 시스템(GPS, Global Position System)은 전자파를 이용해 비행기나 선박, 자동차, 또는 사람이나 동물의 이동 경로를 파악하기 위해 발명된 시스템입니다.

이처럼 우주에는 사람의 눈에 보이는 것보다 보이지 않는 것이 더 많습니다. 따라서 영혼이나 하느님이 보이지 않는다고 해서 그 존재를 부인한다면, 얼마나 비이성적이고 비논리적입니까?

양심은 하느님께서 사람을 창조하시면서 정하신 바른길을 각 사람이 가도록 인도해 주는 하느님의 리모컨 즉, 원격 조종 장치입니다. 양심에 따라 사람으로서 올바른 길을 가는 의인은 하느님의 환영을 받을 것입니다.

3) 이성

이성(理性)은 사물을 올바로 판단하고 식별하는 힘이며 선과 악을 선별하는 능력입니다. 이성은 본능, 충동, 감정적 욕구를 통제하면서 신중하고 사리에 맞게 행동하도록 이끕니다. 일반적 의미로는 감정에 좌우되지 않고 논리적으로 생각을 정리하거나 사물을 판단하는 정신의 작용이며, 철학적 의미로는 존재들을 지배하는 근본 원리입니다.

이성은 인간과 다른 동물들을 구별시켜 주는 인간의 본질적 특성입니다. 사람은 영혼이 있기 때문에 이성적 동물이라고 말합니다. 영혼이 있는 인간은 그의 이성으로 정신 작용을 합니다. 이론 이성은 사물의 이치를 생각하는 능력이고, 논리적·개념적 사유를 할 수 있는 능력입니다. 실천 이성은 실천적 원리에 따라 의지와 행동을 규정하는 능력이고, 자율적·도덕적 의지를 갖게 하는 능력입니다.

정신 작용은 이론 이성에 따르는 지성 행위와, 실천 이성을 따르는 의지 행위로 구별됩니다.

[1] 지성

지성은 이치(理致)를 알아듣고, 사고하고 이해하여 관념을 형성하고 판단하며, 추리하는 능력입니다. 이는 분명히 비물질적인 영혼이 작용하는 능력입니다.

① 관념의 형성

사람이 시각, 청각, 촉각, 후각, 미각의 오감(五感)을 통해 사물을 인지하면 두뇌에 그 표상(表象)이 생깁니다. 이 표상에서 물질적인 것과 개체적인 것을 털어 내 버리고, 비물질적인 요소만을 뽑아 파악하는 추상 작용(抽象作用)을 함으로써 관념을 형성합니다.

예를 들어 어떤 선풍기를 보고 시각을 통해 두뇌에 그 형태에 대한 이미지를 만들고, 촉각으로 시원한 바람을 느끼면 선풍기에 대한 표상이 생기게 됩니다. 그리고 지성이 활동을 하면 선풍기는 시원한 바람을 일으키는 가전제품임을 인식하게 됩니다. 이것이 선풍기의 관념입니다.

이 관념은 어떤 개체, 형태, 중량 등 물질적인 요소는 전부 무시되고 추상적인 개념으로 기억되는 것입니다. 따라서 바람을 생산하는 어떤 선풍기를 보더라도 그것이 선풍기임을 관념을 통해 인식하게 됩니다.

지성인은 선이 무엇인지, 악이 무엇인지를 구별합니다. 아름다움과 추함도 구별하고 정의와 불의도 구별합니다. 이러한 관념은 물질적인 요소가 전혀 없습니다. 그래서 관념은 형체가 없는 비물질입니다.

관념은 비물질이어서 물질과 공통된 점이 전혀 없습니다. 그런데 뇌수(腦髓)는 물질인 만큼 정신 작용을 할 수 없습니다. 따라서 관념을 형성하는 정신 작용의 주체는 바로 영혼입니다.

② 판단

판단이란 두 가지 관념을 서로 연결시키거나 분리시키는 정신 작용입니다. 예를 들면 '사람은 죽는다'는 판단은 '사람'이라는 관념에 '죽음'이라는 관념을 연결시킨 것입니다. 그리고 '사람은 전능하지 않다'는 판단은 '사람'이라는 관념에서 '전능'이라는 관념을 분리시킨 것입니다. 이러한 판단에는 순일성(純一性)이 요구됩니다. 순일(純一)이라 함은 부분들이 모여서 이루어진 '하나'가 아니고, 나뉠 수 없는 '순수한 하나'를 의미합니다.

한 사람의 주체 안에 있는 두 관념을 연결시키거나 분리시키는 판단도 하나의 행위입니다. 그러므로 판단이라는 정신 작용은 비물질이고 순일한 실체에서 나오는 것이며, 그 실체가 영혼입니다.

③ 추리

추리란 이미 알고 있는 몇 가지 사실을 토대로 해서 그때까지 알지 못했던 것을 알아내는 정신 작용입니다. 여러 관념과 판단이 내포된 추리는 복잡한 정신 작용입니다. 그래서 추리 소설은 어린이들에게는 재미가 없지만, 어른들에게는 재미가 있습니다. 추리 소설을 읽기 위해서는 높은 정신 작용이 필요하기 때문입니다.

추리에는 여러 관념과 판단이 내포되어 있는 만큼 추리의 주체는 비물질이고 순일한 실체인 영혼입니다.

(2) 의지

의지(意志)는 도덕적 행위의 주체가 되고 객체가 되는 정신 작용입니다. 의지력은 의지를 세워 결심하여 실행하는 능력입니다. 사람이 무엇을 원하는 의지도 비물질적인 영혼의 작용임이 분명합니다.

육체적 욕구: 사람이 감성(感性) 생활 면에서 욕구하는 의지 대상은 육체적인 것입니다. 동물과 마찬가지로 식욕이나 성욕 등 물질적·감각적인 것입니다.

지성적 욕구: 감성 생활과는 달리 사람이 지성(知性) 생활 면에서 욕구하는 의지 대상은 지성적인 것입니다. 즉 진·선·미·정의·공정·권리·명예 등이며, 이는 곧 그 본질상 비물질적이고 초감각적이고 형태가 없는 것입니다.

이러한 비물질적 가치에 대한 욕구는 비물질인 신령한 실체에서 나오는 것임이 명백합니다. 이 실체가 영혼입니다.

① 의지 행위의 특성

인간의 의지는 이처럼 육체의 욕구와 전혀 다른 성질의 것을 원하게 하고, 심지어는 육체의 욕구에 상반되는 것까지 원하게 만듭니다.

순교자들의 경우, 그들에게는 육체적 욕구를 전적으로 극복하고 제압하는 강인한 의지력이 있었는데, 이는 육체에서 나올 수 없는 것입니다. 이러한 의지력은 육체가 아니라, 영혼에서만 나올 수 있습니다.

② 자유의 신비성

자유는 여러 가지 의지 대상 중에 한 가지를 선택하는 의지 행위입니다. 이 자유로운 선택에는 강박성(强迫性)이 없습니다. 달리 할 수가 없어서 억지로, 불가항력적으로, 한 가지에만 집착하는 것은 자유 선택이 아닙니다. 따라서 자유 의지의 작용이 물질인 뇌수에서 나올 수 없음은 분명합니다.

물질은 타성적·관성적·기계적입니다. 따라서 물질인 뇌수에서 본질적으로 상반되는 자유로운 선택 작용이 나올 수 없습니다. 자유 선택의 주체가 된다는 것은 영혼을 가진 인간이 지니는 특징입니다.

4) 하느님에 대한 인식

(1) 물질과 비물질의 창조주

우주에는 물질도 있고, 비물질도 있으며, 생명체도 있습니다. 물질은 감각으로 인식될 수 있지만, 비물질은 감각으로 인식될 수 없습니다. 또한 물질에서 나오는 힘과 비물질에서 나오는 힘은 감각으로 인식될 수 없습니다. 생명체가 갖고 있는 생명력도 감각으로 인식될 수 없습니다. 물질뿐 아니라 비물질이 저절로 존재할 수 있습니까? 우주를 창조하신 분이 있어야 우주가 존재할 수 있습니다. 우주를 창조하신 분을 창조주 하느님이라고 부릅니다.

(2) 우주의 질서

우주 만물의 질서가 저절로 생겼겠습니까? 천체들은 질서 정연하게 움직입니다. 물질도 질서 정연하게 존재합니다. 천체나 물질을 지배하는 근본 규칙 중 일부분을 과학자들이 발견한 것이 우리에게 알려진 물리 법칙입니다. 생물에게는 생존하고 생식하는 본능이 있습니다. 이것을 생명의 신비라고 말합니다. 생물의 생명 현상은 일정한 규칙에 따라 나타납니다.

물질과 생물은 일정한 규칙에 따른 기본 원리가 있습니다. 질서 정연한 우주를 보면 하느님이 우주를 창조하셨을 때 정해 놓으신 원리에 따른 것임을 알 수 있습니다. 하느님이 정해 놓으신 우주의 기본 원리를 영원법이라고 말합니다.

(3) 인체의 신비

사람은 참으로 신비로운 존재입니다. 육체도 신비롭고 영혼도 신비롭습니다. 인체의 신비로운 현상을 탐구하는 학문이 의학입니다. 그리고 인체의 질서가 문란해졌을 때 본래의 질서로 되돌리는 학문이 의학과 약학입니다. 그러한 인체의 규칙적 작용을 생리 작용이라고 말합니다. 이러한 생리 작용의 질서를 정하신 분이 하느님이십니다.

이러한 지극히 오묘한 인체의 조직이 저절로 만들어졌겠습니까? 하느님이 그렇게 정하신 것입니다. 인체의 신비가 하느님의 존재를 증명하는 것입니다.

(4) 영혼이 추구하는 가치

인간은 누구나 절대적 가치를 추구합니다. 정의, 자유, 영원, 행복, 생명 같은 절대적 가치는 이 지상에서 구현되지 않습니다. 그러나 인간은 절대적 정의, 절대적 자유, 절대적 영원한 생명 등을 간절히 추구합니다. 따라서 인간이 추구하는 절대적 가치가 어디엔가 있어야 할 것입니다.

또한 각 사람에게는 양심이 있습니다. 이 양심이 바로 하느님께서 정해 주신 윤리 규범입니다. 가정생활, 사회생활, 공동체 생활이 원만하고 평화롭게 유지되려면 각 사람이 윤리 법칙을 준행해야 합니다. 이 윤리 법칙이 하느님의 존재를 증명하는 증거입니다.

5) 양심과 도덕

(1) 양심의 의의

① 양심을 따르는 사람

"사람은 양심에 따라서 살아야 한다."라고 말합니다. 주변 사람들로부터 의심을 받을 때 우리는 흔히 자기 양심을 내세워 해명합니다. 즉, 자신의 양심을 최고의 윤리적 판관으로 여기며 사는 것입니다. 보통 사람들끼리는 양심을 내세워 말하면 서로 인정해 주지만, 실제로 법정에서 무죄를 인정받기 위해서 자기의 양심을 증거로 내세운다면 그것만으로는 불충분합니다. 그런 경우에 재판관은 객관적 증거를 더 요구합니다.

② 양심을 무시하는 사람

상습적으로 흉악한 범죄를 저지르는 사람에 대해 '양심이 없거나, 양심이 마비된 사람'이라고 평가하는 경우가 종종 있습니다. 이 말은 그 사람이 "양심의 지배를 받아야 하고, 그 양심을 따라야 하지만, 그렇게 하지 않고 있다."라는 뜻입니다. 연쇄 살인을 저지른 범죄자가 자기의 비인간적인 참혹한 행위에 대해 전혀 양심의 가책을 받지 않는 듯한 모습을 보일 때, 사람들은 인간성의 상실을 한탄합니다.

③ 양심의 정의

그렇다면 양심은 무엇입니까?

양심은 우리 정신의 법이지만 정신을 넘어서는 법이고, 명령을 내리는 법이며, 책임과 의무, 경외심과 희망을 뜻하는 법이기도 합니다. 도덕적 양심은 이성의 판단으로서, 인간은 양심을 통해 자기가 하려는 행위와 하고 있는 행위, 이미 행한 행위의 도덕적 가치를 알 수 있습니다. 인간은 모든 말과 행동에서 자신이 정당하고 옳다고 여기는 것에 충실하게 따라야 합니다. 인간은 양심의 판단으로 하느님의 법이 명하는 것을 알고 깨닫습니다.

(2) 도덕적 선택

양심은 도덕적 선택 앞에서 이성과 하느님의 법에 맞는 바른 판단을 내릴 수도 있고, 그와 반대로 이성과 하느님의 법에서 거리가 먼 그릇된 판단을 내릴 수도 있습니다.

인간은 때때로 도덕적으로 명확하게 판단하기 어렵거나 결정을 내리기 힘든 상황에 부딪치게 됩니다. 그럼에도 늘 정당하고 선한 것을 찾아야 하며, 하느님의 법에 담긴 그분의 뜻을 식별해야 합니다. 이를 위해 인간은 신중함의 덕과 현명한 사람들의 조언, 그리고 성령의 도움에 힘입어, 경험의 자료와 시대의 징표를 해석하려고 노력해야 합니다.

① 도덕적 선택의 기준

첫째, 선한 결과를 내려고 악을 행하는 것은 결코 용인될 수 없습니다.

둘째, "남이 너희에게 해 주기를 바라는 그대로 너희도 남에게 해 주어라."(마태 7,12) 이것이 모든 사람이 반드시 지켜야 할 기본 계명인 황금률입니다.

셋째, 사랑은 항상 상대방의 인격과 그의 양심에 대한 존중을 전제로 합니다.

6) 양심의 판단과 명령

(1) 양심의 판단

도덕적 양심은 인간이 구체적 행위의 가치를 알아볼 수 있도록 해 주는 이성의 판단입니다. 인간의 마음속에 존재하는 도덕적 양심은 적절한 순간마다 선을 행하고 악을 피하라고 명령합니다. 그리고 구체적 행위에 대한 선택을 판단해 옳은 선택은 승인하고, 그릇된 선택은 배척합니다. 도덕적 양심은 최고선이신 하느님을 기준으로 해서 진리의 권위를 입증합니다. 현명한 사람은 도덕적 양심에 귀를 기울일 때 하느님의 말씀을 들을 수 있습니다.

(2) 양심의 명령

양심은 인간의 가장 은밀한 핵심이며 지성소입니다. 거기에서 인간은 홀로 하느님과 함께 있고, 그곳에서 하느님의 목소리를 듣습니다.

인간은 양심의 깊은 곳에서 법을 발견합니다. 이 법은 인간이 자신에게 부여한 법이 아니라 인간이기에 복종해야 하는 법입니다. 양심의 소리는 언제나 선을 사랑하고 실행하며 악을 피하도록 명합니다. 필요한 때에는 양심이 각 사람의 마음에 "이것을 해라.", "저것을 삼가라." 하고 타이릅니다. 이렇게 인간은 하느님께서 각 사람의 마음속에 새겨 주신 법을 지니고 삽니다.

양심은 사람들이 자신이 행한 행동들에 책임질 수 있게 합니다. 만일 인간이 악을 저지르면 공정한 판단이 되는 양심이 그 사람 안에 보편적 진리인 선의 증거로 남고, 그가 저지른 부당한 선택은 악의 증거로 그 안에 남습니다. 양심이 판단하는 판결은 희망과 자비의 보증으로 남습니다. 이러한 판결은 자신이 저지른 잘못을 증언함으로써 용서를 청해야 한다는 것, 선을 실천해야 한다는 것, 하느님 은총으로 끊임없이 덕을 닦아야 한다는 것을 환기시킵니다.

7) 양심의 함양

(1) 마비된 양심과 회복

어떤 사람이 자기 양심을 따른다는 핑계로 명백하게 비인간적인 행위를 저지른다면 주변 사람들은 묵과할 수 없는 일이라며 분개합니다. 다른 사람의 선한 양심을 괴롭히거나 조작하는 사람이 있다면, 주변 사람들은 그를 정신 이상자나 윤리적 파탄자라고 규탄합니다.

도덕적 양심이 무지에 머물 수도 있고, 그릇된 판단을 내릴 수도 있습니다. 이러한 무지와 그릇된 판단이 언제나 죄의 책임을 면제해 주는 것은 아닙니다.

윤리적으로 비난받는 사람이 있다면 우리는 그 사람의 마음에 선의 목소리를 들려주며, 그의 양심에 호소하고, 그가 이 선한 목소리에 순종하기를 기대합니다. 그리하여 그의 양심이 깨어나도록 일깨우고, 그가 자기 양심을 진지하게 받아들이기를 희망합니다. 그럼에도 불구하고 어떤 사람이 양심의 호소를 무시하고 산다면 주변 사람들은 큰 충격을 받습니다.

우리는 악을 저지른 사람에게 회개와 희망의 보증이 되어 줄 양심을 일깨워 주어야 하고, 우리 각자의 양심이 깨어 있도록 수양해야 합니다.

(2) 양심 교육

양심은 형성되어야 하고 도덕적 판단은 계발되어야 합니다. 잘 형성된 양심은 바르고 진실하며, 이성에 따라 창조주의 지혜가 원하는 진정한 선에 맞는 판단을 내립니다. 부정적 영향을 받기 쉽고, 자신의 판단을 앞세우며, 권위 있는 가르침을 거부하도록 만드는 죄의 유혹을 받는 사람에게는 양심 교육이 필요합니다.

양심 교육은 평생 수양해야 할 과제입니다. 양심 교육은 어렸을 때부터 도덕적 양심으로 깨닫게 된 내적 법을 인정하고 실천하도록 일깨웁니다. 현명한 교육은 덕을 가르치며 인간의 약점과 잘못에서 생기는 공포, 이기심, 교만, 죄책감과 자기만족에 대한 충동 등에서 보호하거나 그로 인한 상처를 치유해 줍니다. 양심 교육은 자유를 보장해 주며 마음의 평화를 줍니다.

양심이 잘 형성된 사람은 진정한 선에 부합하도록 합리적으로 판단할 수 있습니다. 따라서 누구나 자기 양심을 바르게 형성하기 위한 방법을 강구해야 합니다.

(3) 양심 수양의 높은 경지

양심 수양이 높은 경지에 이를수록 하느님의 자비를 깊이 체험하면서 자기 양심에 민감한 사람이 됩니다. '양심이 민감한 사람'이라는 말은 최고의 윤리적 찬사입니다. 가난한 사람들과 도움이 필요한 사람들에게 자비롭게 배려하는 마음이 두드러진 사람들을 칭찬하는 말이기 때문입니다. 또한 완전한 사람이 되기 위해 날마다 시간을 아껴 정성을 다해 덕을 쌓는 수양에 정진하는 사람을 일컫는 말입니다. 그런 사람은 진실한 양심의 가책이나 작은 잘못에 대해서도 예민하게 자책하며 진심으로 "내 탓이요."라고 말하는 사람입니다.

하느님 말씀은 우리 인생길에 빛입니다. 신앙과 기도 안에서 하느님의 말씀을 자신의 것으로 삼아 이를 실천해야 합니다.

> 하느님은 우리를 당신 모습대로 창조하시고, 각자에게 맞는 사명을 주시며 개개인의 고유한 특성을 살려 다양한 방법으로 살게 하십니다. 또한 우리가 올바른 방향으로 살아가기를 바라시며 고귀한 선물을 마련해 주셨습니다. 그것은 바로 자유와 도덕, 양심과 덕입니다. 하느님의 모습을 닮아, 하느님의 사명을 살아가야 할 우리가 하느님께 받은 소중한 선물에 대해 함께 알아봅시다.

4. 자유와 사람의 길

1) 창조주와 피조물

(1) 제작자와 제품

어떤 기계든지 스스로는 존재할 수 없습니다. 반드시 기계를 제작한 제작자가 있기 마련입니다. 발명가는 새로운 기계를 창안하고 만들면서 시작부터 끝까지 물리 법칙을 철저히 지킵니다. 발명가의 설계도에 따라서 제작된 기계는 물리 법칙을 철저히 지키면서 작동되어야 기능을 발휘할 수 있습니다. 물리 법칙을 어기는 기계는 존재할 수 없기 때문입니다.

솔로몬의 재판
프레데릭 앙리 쇼팽(Frédéric Henri Schopin, 1804~1880년), 19세기경,
캔버스에 유채, 개인 소장.

요즘 임신이 되지 않아 안타까워하는 젊은 부부들이 종종 있습니다. 젊은 부부가 아기를 임신하는 것은 당연한 일이 아닙니다. 자녀는 부부 사랑의 행위의 결과로 출생하는 것이지만, 하느님이 주시지 않으면 탄생할 수 없는 선물이기도 합니다.

사람은 태어나고 싶어서 태어난 것이 아닙니다. 사람은 자기 부모를 선택하지 못합니다. 재벌가에서 태어나든 빈민가에서 태어나든 태어나는 환경은 당사자가 선택한 것이 아닙니다. 남자로 태어나느냐 여자로 태어나느냐 하는 것도 그 부모나 당사자는 물론 어느 누구도 선택할 수 없습니다.

우리가 대한민국 사람으로 이 시대에, 이 지역에서 태어난 것은 자신의 선택에 의한 것이 아닙니다. 우리는 저절로 태어나지 않았습니다. 하느님이 우리를 창조하지 않으셨다면 우리는 있을 수 없었습니다.

(2) 기계의 성능과 목적: 인생의 소명

기계를 발명하고 제작한 제작자가 그 기계의 성능과 목적을 정합니다. 발명가가 만들어 낸 자동차나 비행기나 첨단 의료기 등은 모두 목적을 정하고 제작된 것입니다. 그들은 그 목적을 효과적으로 수행할 기계를 제작하기 위해 혼신의 힘을 쏟습니다. 따라서 발명가가 의도한 대로 성능을 발휘하는 제품은 우수한 제품이고, 제작자가 의도한 성능을 발휘하지 못하는 제품은 불량 제품입니다. 값비싼 금, 은, 보석으로 장식한 시계라도 시간을 정확히 표시하지 못하면 불량 시계입니다. 이와는 달리, 값이 싸더라도 시간을 정확히 표시하면 좋은 시계입니다.

이와 마찬가지로 사람도 오늘 이 자리에 태어난 것이 하느님의 뜻인 만큼 그 목적 또한 하느님이 정해 주시는 것입니다. 이것을 소명이라고 하는데, 하느님은 각 사람이 자기 소명을 잘 수행할 수 있도록 천부적인 소질과 재능까지 주십니다. 각자가 자기의 특출한 재능과 소질을 성실히 갈고 닦아서 많은 사람들에게 유익한 일을 하는 위인이나 의인이 되는 것이 자기의 소명을 수행하는 것입니다.

자신의 소명을 완수한 사람은 성공한 인생입니다. 그 반면에 재벌이 되거나 저명한 정치인이 되거나 탁월한 학자가 되었더라도 많은 이들에게 선익을 주는 소명을 제대로 수행하지 않았다면 실패한 인생입니다.

(3) 기계의 운전 규칙: 인간의 양심

첨단 의료 기기나 비행기 등 정밀한 기계일수록 그 기계를 조작하고 운전하는 특별한 기술이 요구됩니다. 그 운전 규칙을 충실히 지켜야 그 기계가 제 성능을 발휘할 수 있습니다. 그 기계를 운전하는 규칙은 제작자가 그 제품을 만들 때에 정한 것입니다. 운전 규칙을 어기면 그 기계를 운전할 수 없고 심하면 기계가 고장납니다. 다시 말하면 제작자가 정한 조작 운전 규칙을 어길 자유는 누구에게도 없습니다.

이와 마찬가지로 우리의 인생도 창조주께서 정해 주신 규칙을 따라서 행동할 때에만 존재의 의미가 있는 것입니다. 하느님이 정해 주신 인생의 도리가 윤리 법칙입니다. 하느님이 정해 주신 양심의 규칙을 어긴다면, 그 인생의 존재 의미가 상실됩니다. 다시 말하면 어느 누구도 사람의 도리 즉, 윤리 법칙을 마음대로 어길 수 없습니다.

(4) 피조물의 목적 달성

모든 발명품과 예술 작품과 제품들은 제작자의 영광을 나타냅니다. 우주 만물은 하느님의 작품으로서 하느님의 전능을 나타내는 만큼 하느님께 영광이 됩니다.

제작자는 자기의 작품이 의도한 성능을 잘 발휘하기를 바랍니다. 문학 작품, 미술품, 건축, 조각, 음악, 연극, 무용 등 예술 작품들은 관중의 찬사와 박수를 받기를 기대합니다. 그 목적이 달성되면, 그 작품이 작가에게 영광이 됩니다.

하느님은 당신이 창조하신 인간이 행복하기를 바라십니다. 따라서 사람이 하느님의 뜻에 따라 선행을 하면서 행복하게 살면 그것이 바로 하느님께 영광이 됩니다.

어느 부모든지 자기 자녀가 많은 사람들로부터 칭찬과 박수를 받는 인물이 되기를 기대합니다. 장학 사업이나 자선 사업 등 선행을 하는 사회 사업가나 많은 사람에게 선익을 주는 발명가, 또 많은 사람을 행복하게 해 주는 운동선수 등은 부모에게 영광을 드리는 이들입니다. 부모가 세상을 떠난 뒤라도 부모에게 영광이 되는 효도를 하는 것입니다.

2) 길 위에서의 자유

(1) 보행 길

많은 사람이 가장 빠르고 안전하게 다니는 곳이 길이 됩니다. 길 위에서는 서든지, 걷든지, 뛰든지, 앞으로 가든지, 뒤로 가든지 마음대로 할 자유가 있습니다. 그러나 길이 아닌 곳에 함부로 가면 수렁에 빠지거나 벼랑에서 실족해 죽을 수도 있습니다.

우리나라에 '과거길'이나 '양반길'이라는 이름이 붙은 길도 있었습니다. 경상도나 전라도에 사는 선비가 한양에서 과거 시험을 치르기 위해 오가던 길을 그렇게 일컬었습니다.

그리고 고을과 고을 사이를 연결하는 길도 있었습니다. 〈대동여지도〉를 만든 김정호(金正浩, 1804년경~1866년경)는 조선 시대의 대표적인 지리학자이자, 지도 제작자였습니다. 그는 전국을 여러 번 샅샅이 돌아다니면서 지도를 그렸다고 합니다. 만약 그가 다닐 수 있는 길이 없었다면 지도를 만들 수 없었을 것입니다.

어느 국민이든지 자기 나라의 공유지에서 원하는 대로 뛰거나, 서거나, 자유롭게 걸을 자유가 있습니다. 그러나 사유지에 난 길은 땅 주인의 허락을 받아야 지나다닐 수 있습니다. 다른 나라 땅은 그 나라의 입국 허가를 받아야 들어갈 수 있습니다.

(2) 자동차 길

고대 로마 시대에는 마차가 진흙 길에 빠지지 않도록 길에 평평한 돌들을 깔아 놓았습니다. 그 돌길로 인해 로마군의 전차들은 빠른 속도로 이동할 수 있었습니다. 로마 제국이 광대한 영토를 점령할 수 있었던 것은 이러한 도로 때문이었다고 합니다. 그래서 "모든 길은 로마로 통한다."라는 말이 생겼습니다.

오늘날에도 자동차가 속도를 내고 다닐 수 있도록 도로에 포장을 합니다. 걸어 다니는 사람끼리는 부딪쳐도 별 탈이 없지만 속도가 빠른 자동차끼리는 부딪치면 큰 사고가 납니다. 그래서 차도에는 가는 길과 오는 길을 구별하도록 도로 중앙에 선을 그어 놓습니다. 그리고 사거리에는 자동차끼리 충돌하지 않도록 신호등을 설치합니다. 그 신호등에 따라서 자동차들이 움직여야 사고가 나지 않습니다. 그래서 교통 규칙이 제정되었습니다.

교통 규칙을 지켜야 모두가 안전하게 통행할 수 있습니다. 교통 규칙을 지키는 한 운전자는 앞으로 또는 뒤로, 빠르게 또는 느리게 자동차를 운전할 수 있습니다. 그러나 교통 규칙을 어기면 사고가 납니다.

(3) 선박의 항로

넓은 바다에도 배가 안전하게 다니는 길이 정해져 있습니다. 이 길을 '항로(航路)'라고 말합니다. 넓은 바다에서는 배가 아무 곳으로나 갈 수 있는 것처럼 보이지만, 항로를 이탈하면 조류의 방향이 달라지기 때문에 심한 풍랑을 만나거나, 암초에 걸려서 파선될 수도 있습니다.

그리고 가는 배와 오는 배가 충돌하지 않도록 선박 항해 규칙이 정해져 있습니다. 밤에도 선박이 항해 규칙을 지킬 수 있도록 바다의 곳곳에는 등대가 설치되어 있습니다. 배가 육지로 드나드는 곳을 항구라고 합니다. 수천 명이 타는 유람선 같은 큰 선박이 드나드는 부두에는 엄청난 규모의 설비가 갖추어져 있어야 합니다.

선박은 항해 규칙을 지키는 한 자유롭게 운항할 수 있습니다. 그러나 그 규칙을 어기면 충돌해 대형 사고가 납니다.

(4) 비행기의 비행 항로

넓은 하늘에도 비행기가 안전하게 다니는 길이 정해져 있습니다. 이 길을 '비행 항로(飛行航路)'라고 합니다. 하늘에서는 비행기가 아무 데나 자유롭게 다닐 수 있는 것처럼 보이지만 지상의 지형에 따라서 생기는 상승 기류나, 비행기가 갑자기 떨어지는 수직 하강 기류(a pocket of air)를 만나면 위험하기 때문에 비행기가 다니는 길이 정해져 있습니다.

또 비행기들이 충돌하지 않도록 가는 길과 오는 길에 비행 고도(高度)가 다르게 규정되어 있습니다. 이 규정을 어기면 비행기끼리 충돌해 대형 사고가 납니다.

나라마다 영공 안에 떠다니는 많은 비행기들이 충돌하지 않도록 지상에 있는 항공관제탑에서 각 비행기들이 항공 운항 규칙을 지키도록 관리합니다. 국제 항로를 따라 여러 나라를 거쳐 멀리 가는 비행기는 각국 영공 안에 들어설 때와 나갈 때 지상에 있는 그 나라 항공관제탑의 지시를 따라야 합니다. 지상에 있는 관제탑의 지시를 어기면 대형 사고가 납니다. 그리고 비행기는 아무 곳에서나 뜨고 내릴 수가 없습니다. 비행기가 뜨고 내릴 수 있도록 지정된 곳을 공항이라고 말합니다. 하늘의 항구라는 뜻입니다. 공항마다 비행기가 안전하게 뜨고 내릴 수 있도록 지휘하는 관제탑이 있습니다. 비행기 조종사들은 이 관제탑의 지시를 정확히 지키는 한 자유롭게 움직일 수 있습니다.

(5) 기찻길

기차는 철로 위에서 앞으로 가거나, 뒤로 가거나, 빨리 가거나, 천천히 가거나, 자유롭게 움직일 수 있습니다. 그러나 철로를 탈선하면 전복되거나 꼼짝도 못합니다. 오고 가는 기차가 충돌하지 않도록 기찻길도 가는 길과 오는 길이 다릅니다. 같은 방향으로 가는 기차가 시간 차를 두고 연속적으로 다니기 때문에 속도에 대한 운항 규칙이 정해져 있습니다. 여러 기차가 서로 충돌하지 않도록 각 기차역에서 지시합니다. 이 지시를 어길 수 있는 자유는 누구에게도 없습니다.

[6] 천체의 궤도

달이 지구 둘레를 한 바퀴 도는 데 대략 29일이 걸립니다. 또 지구가 태양 주위를 한 바퀴 도는 데 대략 365일이 걸립니다. 매달 정확하게 달과 지구가 태양 주위를 돕니다. 그래서 사람은 달력을 만들어서 절기에 따라 농사를 짓습니다. 달이나 지구는 일정한 속도를 따라서 정해진 길로 도는데, 이 길을 궤도(軌道)라고 합니다. 만일 달이나 지구가 궤도를 이탈하면 큰일이 벌어질 것입니다.

[7] 사람의 도리

하느님의 모습을 닮은 존귀한 영혼을 가진 인간은 인격에 걸맞은 인생의 길이 있습니다. 이 길을 사람의 도리(道理)라고 말합니다. 사람이 도리를 지키는 한 자유롭게 살 수 있습니다. 이것을 바로 윤리 도덕이라고 말합니다.

그러나 사람으로서의 윤리 도덕을 무시하고 인생의 올바른 도리를 벗어난 사람을 기차에 빗대어 '탈선한 사람'이라고 말합니다.

신호등이 교통 법규를 관제하는 것처럼 인생길의 신호등은 양심입니다. 존귀한 사람의 지위를 포기한 인생은 파멸로 가기 마련입니다. 어느 누구든지 인륜 도덕을 무시하거나 위반할 자유가 없습니다.

3) 자유의 의의와 책임

(1) 자유의 의의

자유는 윤리적 책임을 지는 인간적 행위에 관해 깊이 숙고한 후 행할지 혹은 행하지 않을지를 선택하는 능력입니다. 인간적 행위에 대한 자발성과 자제력이 자유의 기초가 됩니다. 사람은 유혹이나 협박을 극복할 때 자신의 행위에 대해 자유로워집니다. 또한 사람은 진리와 선 안에서 자유를 통해 성숙해지고 인격이 향상되며, 선과 정의를 위해 봉사할 때에만 참자유를 얻습니다. 따라서 자원해 선을 행하면 행할수록 더욱 자유로워집니다. 불순명과 악을 선택하는 것은 자유의 남용이며 죄의 종이 되게 합니다. 사람들 각자는 양심과 자유 의지에 따라 자기 인생을 엮어 나갑니다. 사람은 누구나 인생의 목표인 하느님을 향할 때 완전한 자유를 누리며 행복해집니다.

(2) 자유와 책임

자유는 인간 행위의 고유한 특징입니다. 자유는 인간이 자발적인 행위를 하고 그에 따른 행동에 대해 책임을 지게 합니다.

직접 원해서 행하는 모든 행위의 결과는 그 행위자에게 귀책(歸責)됩니다. 자유의사로 한 행위를 그 행위자의 형사 책임으로 결부시키는 일을 귀책이라고 말합니다. 그리고 행위자가 자기 행위에 대해 책임을 지는 것을 인책(引責)이라고 말합니다.

따라서 책임감이 있는 성숙한 사람은 자기 행위에 관해 숙고한 다음에 양심과 자유의사에 따라 행동해야 합니다. 자유의사에 따른 행위는 칭찬이나 비난, 공로나 견책의 근거가 됩니다.

의사 능력이나 책임 능력이 있는 상태에서 행한 행위의 결과는 행위자에게 귀책이 됩니다. 그러나 무지, 폭력, 공포나 그 밖에 정신적 또는 사회적 요인들 때문에 행한 행위는, 그에 대한 귀책이나 책임이 줄어들거나 없어질 수도 있습니다. 지적으로 미성숙한 장애인이나 어린이는 자유를 행사하기에 미숙하기 때문에 자기 행위에 대한 책임을 질 능력도 부족합니다. 이러한 사항을 반영해 책임에 대해 정리하면 다음과 같습니다.

첫째, 직접 원해서 행한 모든 행위는 그 행위자에게 귀책됩니다.

둘째, 사람들이 알았거나 행했어야 할 것을 소홀히 해 저지른 행위는 간접적인 고의에 따른 행위일 수 있습니다. 예를 들면 도로 표지판을 잘 몰라 발생한 교통사고가 그러한 경우입니다.

셋째, 나쁜 결과가 예측되고, 행위자가 그 결과를 피할 수 있었는데도 저지른 행위는 그 나쁜 결과가 행위자에게 귀책됩니다. 예를 들면 술 취한 운전자가 교통사고로 살인하는 경우입니다.

넷째, 행위의 목적이나, 수단으로 의도된 것이 아니라면, 그 나쁜 결과가 행위자에게 귀책되지 않습니다. 예를 들면 위험에 빠진 사람을 구하다가 그 사람을 다치게 하더라도 죄로 처벌받지 않습니다.

다섯째, 행위자가 원하지 않았는데도 일어난 결과는 용인될 수 있습니다. 예를 들면 병든 아들을 간호하던 어머니가 극도로 탈진해 사망하게 되는 경우 아들의 책임을 논할 수 없습니다.

여섯째, 자유의사가 전혀 없는 강제에 의해 행한 행위에는 윤리적 책임을 물을 수 없습니다.

(3) 자유의 행사

자유는 사람들 사이의 관계에서 행사됩니다. 사람은 누구나 자유롭고 한 인격체로서 존중받아야 할 천부적 권리가 있습니다. 모든 사람은 각자의 이러한 권리를 서로 존중할 의무가 있습니다.

자유를 행사할 권리는 인간의 존엄성과 분리할 수 없는 것입니다. 도덕적·종교적인 문제에 대해서는 특히 그러합니다. 거짓말은 의사소통을 방해하고 상호 신뢰를 파괴하여 의사 표시의 기초를 허물기 때문에 말의 본성에 직접 거스릅니다. 그러므로 거짓말을 할 자유는 인정되지 않습니다.

그러나 인간의 자유에는 한계가 있고 오류에 빠지기 쉽습니다. 자유의 행사는 무엇이든지 말하고 행할 권리를 가리키는 것이 아닙니다. 인간이 윤리 규범에서 벗어나면 자신의 자유를 손상시키고, 자신을 속박하며, 이웃에 대한 우애를 파괴하고, 하느님의 진리를 거역하게 됩니다.

인간은 자연법을 위반할 자유가 없습니다. 인간의 기본권은 타인의 기본권을 존중하는 범위 안에서만 인정됩니다. 진실을 보도하는 자유는 인정하지만, 허위 보도에 대해서는 행위자에게 귀책됩니다. 표현의 자유, 언론의 자유는 반드시 도덕률을 지켜야 합니다.

누구에게도 타인의 기본권을 침해할 자유는 없습니다. 홍보 매체에서 중상모략하는 거짓말을 싣는다면, 그것은 대상자를 사회적으로 살인하는 행위입니다. 이러한 자유는 인정될 수 없습니다.

또 개인의 자유가 공동체의 선익을 해칠 수는 없습니다. 사람들이 저마다 함부로 근거 없는 비방을 하거나 타인의 명예를 훼손할 자유가 있다고 우긴다면 그 공동체에는 대혼란이 일어날 것입니다. 개인의 자유보다 공동체의 선익이 우선시되며, 공동체 구성원이 서로 이기적인 주장만 한다면 그 주장들이 충돌해 공동체의 질서가 파괴될 것입니다.

(4) 자유에 대한 그릇된 생각

자유의 행사는 무엇이든 말하고 행할 권리를 가리키는 것이 아닙니다.

① 악의 선택

흔히 선이나 악 중에 악을 선택할 수 있다고 착각하는 사람이 있습니다. 그러나 악을 선택하면 죄의 노예가 됩니다. 예를 들면, 도둑질이나 사기나 살인을 저지르면 양심의 가책 때문에 평화와 행복을 상실합니다. 따라서 현명한 사람은 악을 선택하는 일이 없습니다.

상습적인 사기꾼은 거짓말이 습관이 되어 거짓의 노예로 삽니다. 혹시 진실을 말하고 싶은 때라도 자기도 모르는 사이에 거짓말을 하게 됩니다.

명예욕에 얽매어 교만한 사람은, 남의 말을 경청할 자유를 상실해 사소한 직언도 용납하지 못하는 용렬(庸劣)한 사람이 됩니다. 상습 성범죄자는 성욕의 노예가 되어 신의를 지킬 줄 모르는 삶을 살게 됩니다.

② 중독자의 선택

마약 중독자나 알코올 의존자나 도박 중독자는 중독된 것의 노예로 살고 있는 것입니다. 그 중독에서 해방되려면 그 중독자 당사자뿐만 아니라 그 가족들 전체가 합심해서 피나는 노력을 기울여야 합니다. 어려운 치료 과정을 마치고 중독에서 해방된 것처럼 보이는 경우라도, 한 번이라도 유혹에 넘어가면 그동안 애써 치료했던 과정이 다 허물어지고 다시 처참한 중독자로 되돌아갑니다.

휴대폰 없이는 한 시간도 안심할 수 없는 사람은 휴대폰의 주인이 아니고 노예입니다. 욕쟁이는 욕설의 노예가 되어 고상한 말을 할 자유를 상실해 모처럼 품위 있는 말을 하고 싶어도 제대로 말하지 못하는 사람으로 전락합니다.

알코올 의존자는 완치가 되도 알코올이 한 방울이라도 들어가면 다시 중독되고 맙니다.

(5) 진리와 자유

자유로워지려면 이성이 순수해야 합니다. 맑은 이성이 자유의 바탕입니다. 진리를 어기거나 허위를 선전하면 자유로울 수 없습니다. 게을러도 자유롭지 못합니다.

진정한 자유는 욕심과 죄에서 해방되는 것입니다. 재물욕, 명예욕, 탐욕에 얽매여 있으면 자유롭지 못합니다. 재물욕에서 해방되어 재물이 다소 부족하더라도 자기 처지에 걸맞게 살면서 아쉬움 없이 지내는 사람은 자유인의 경지에서 사는 행복한 사람입니다.

① 자유인

평생 진실하게 사는 사람은 자유인입니다. 성경에는 "진리가 너희를 자유롭게 할것이다."(요한 8,22)라고 쓰여 있습니다.

유혹이나 협박에서 벗어날 때 사람은 자유로워집니다. 남의 평가나 이목을 초월하는 높은 경지에 이른 인격자는 자유롭습니다. 공자는 일흔 살을 종심(從心)이라고 일컬으며, 칠십 평생을 고상한 인격자로 수양한 사람은 뜻대로 행해도 도(道)에 어긋나지 않는다고 가르쳤습니다. 고상한 인격자로 평생 동안 악행을 피하고 선행만을 행하는 습관이 몸에 배어 있어서 악행을 행할 까닭이 없다는 말입니다. 칠십 평생 저속한 말이나 욕을 한 적이 없는 사람은 쑥스러워서 결코 욕을 발음하지 못합니다. 이처럼 선을 행하면 행할수록 더욱 자유로워집니다.

사람들은 각자의 자유 의지에 따라 자신의 삶을 이루어 나갑니다. 인간은 진리와 선 안에서 자유를 통해 성장하고 성숙합니다. 자유는 우리의 행복이신 하느님을 향할 때 완전해집니다.

예수님은 죄의 노예로 잡혀 있는 인류를 해방시켜 주셨습니다. 그리스도의 은총은 인간의 자유를 속박하지 않습니다. 오히려 은총의 작용에 온순히 따르면 따를수록, 시련 가운데에서 또 외적 억압과 속박 앞에서 우리의 내적 자유와 확신은 더욱 커집니다.

5. 행위의 도덕성

1) 인간적 행위와 인간의 행위

사람의 행위는 윤리적 책임이 있는 행위와 윤리적 책임이 없는 행위로 구별됩니다.

(1) 인간적 행위(actus humanus)

사람은 의식적인 판단에 의거한 자유 의지에 따라서 행한 행위들에 대해서 책임을 집니다. 자유의사와 책임 의사를 가지고 고의로 행한 행위를 인간적 행위라고 말합니다. 만물의 영장인 사람답게 행한 행위라는 뜻입니다. 즉 인간적 행위는 정상적인 정신 상태를 가진 사람이 심사숙고한 후 인격자로서 행한 행위입니다. 그 행위는 행위자가 책임을 면할 수 없으며, 그 행위의 도덕적인 성격에 따라서 선행이라고 평가되기도 하고 악행이라고 평가되기도 합니다.

(2) 인간의 행위(actus hominis)

이와는 달리, 지적으로 성숙하지 못한 어린이나 지적 장애인, 치매에 걸린 노인 등 책임을 지기 어려운 상태에 있는 사람이 행한 행위는 인간의 행위라고 말합니다. 예를 들면 어린아이가 행한 행동이나 잠결에 자기도 의식하지 못하는 사이에 행한 행동은 책임을 묻기가 어렵습니다.

2) 도덕성의 평가 요소

인간적 행위의 도덕성은 세 가지 요소에 따라 평가됩니다.
첫째, 행위의 목적에 따라 행위 자체의 윤리성이 평가됩니다.
둘째, 행위자의 의향에 따라 즉, 행위자가 추구하고자 하는 목적이나 지향에 따라 행위의 윤리성이 평가됩니다.
셋째, 행위의 정황에 따라 도덕성이 평가됩니다.

(1) 행위의 목적(finis operis)
행위의 목적은 의지를 가지고 의도적으로 지향하는 목적을 뜻합니다. 즉 인간적 행위의 질료입니다. 따라서 인간적 행위란, 행위의 목적을 이성이 인지하고, 그것이 참된 선에 부합하는지를 판단한 후에 자유 의지로 행하는 행위를 말하는 것입니다. 도덕성의 객관적 기준들은 양심에 따라 입증된 선악의 합리적 질서를 일러줍니다. 따라서 사람이 이성과 양심의 소리를 받아들이면 어떤 행위가 그 자체로 선한 것인지, 악한 것인지를 알게 됩니다.
어린이거나 노인이거나 상관없이 사람은 누구나 다른 사람을 상해하는 행위는 악이라는 것을 압니다. 반면에 도움이 필요한 이를 도와주는 일은 선이라는 것을 압니다.

(2) 행위자의 의향과 목적(finis operantis)
행위자의 의향은 목적을 갖게 하고, 그를 통해 그 행위를 결정짓게 됩니다. 따라서 의향은 행위의 도덕성을 평가하기 위한 핵심 요소입니다.

의향은 목적을 향한 의지의 움직임이며 행위의 귀결점과 관련됩니다. 행위자의 의향이 선하더라도 악한 행위를 하면 정당화되지 않습니다. 예를 들면 남의 재물을 훔쳐서 가난한 사람을 돕는 것은 정당화되지 않습니다. 목적은 수단을 정당화하지 못합니다. 아무리 목적이 좋아도 악한 수단이나 방법을 사용하면 안 됩니다.

그와 반대로 그 자체로는 선한 행위더라도 나쁜 의향이 개입하면 악한 행위가 됩니다. 예를 들면 허영심으로 한 자선 행위는 선한 행위가 아닙니다.

행위자의 의향은 여러 개별 행위들의 방향을 정해 줍니다. 여러 행위들을 동일한 목적으로 향하게 할 수 있고, 또 삶 전체를 궁극적 목적으로 향하게 할 수도 있습니다. 예를 들어 봉사는 이웃을 돕는 것이 목적이지만, 동시에 우리의 모든 행위의 궁극적 목적인 하느님에 대한 사랑으로 고무될 수 있습니다. 그러나 상대방의 호의를 얻거나 또는 자랑하기 위해서 봉사를 하는 경우에는, 동일한 행동이라도 여러 가지 의향을 지닐 수 있습니다.

(3) 행위의 정황(행위가 이루어지는 상황)

행위의 정황은 윤리적 행위의 부차적 요인입니다.

정황에 따라 행위의 윤리적 선악의 정도가 가감됩니다. 예를 들면 도둑질한 돈의 액수가 크면 죄책도 커집니다.

정황은 행위자의 책임도 가감시킵니다. 협박에 따른 죽음의 공포 때문에 저지른 행위 등은 죄책이 경감되고, 자기의 생명을 지키기 위한 정당 방위는 인정됩니다. 그러나 정황은 악한 행위 자체를 선하게 하거나 정당화할 수는 없습니다.

3) 선행과 악행

도덕적으로 선한 행위가 되려면 행위의 대상, 목적, 정황이 모두 선해야 합니다.

행위의 대상이 악하면 그것은 목적이나 정황에 관계없이 언제나 악행입니다. 예를 들면 공금을 횡령하는 행위는 빈민을 구제하려는 착한 목적이든 도박을 하려는 악한 목적이든 상관없이, 혹은 어떤 피치 못할 정황이 있더라도 악행입니다. 공금 횡령 그 자체에 이미 의지의 무질서, 곧 윤리적 악이 내포되어 있기 때문입니다. 선한 결과를 얻으려고 악을 행하는 것은 용납되지 않습니다. 그러므로 행위자의 의향이나 그 행위의 테두리를 이루는 정황(환경, 사회적 압력, 행동에 대한 강제나 필요성 등)만 고려하여 도덕성을 판단하는 것은 잘못입니다.

대상 자체는 선하더라도 목적이 악하면 그 행위를 타락시킵니다. 예를 들면 돈을 열심히 벌어서 도박을 하는 경우입니다.

(1) 인도적 선행과 비인도적 악행

인간의 도리에 맞는 선행을 인도적 선행이라고 부릅니다. 인도적 선행과 비인도적 악행은 책임 면에서 윤리적으로 구별됩니다.

매스컴에서 인정이 넘치는 희생적 선행을 보도하면 그 내용과 직접적인 연관이 없는 시청자들까지도 행복한 감정을 느낍니다. 인도적 선행은 그 행위의 행위자와 그 행위의 대상자뿐 아니라 그 행위와 관련이 없는 주변 사람들까지도 행복하게 만듭니다. 또한 인도적 선행은 모든 사람에게 행복한 기쁨을 주기 때문에 모든 사람으로부터 칭찬을 받습니다. 인간만이 도움이 필요한 타인에게 물질적·정신적·영신적·심리적 도움을 줄 능력이 있습니다.

그 반면에 비인도적 악행은 그 행위자와 행위의 대상자뿐 아니라 그 행위와 직접 관련이 없는 주변 사람들까지도 불행하게 만듭니다. 부당하고 참혹한 연쇄 살인 사건 보도를 듣게 되면 그 사건과 연관이 없는 시청자들까지도 몸서리치게 되며, 그 비인도적 행위에 대해서 격한 감정으로 가슴 아파하게 됩니다. 비인도적 악행은 모든 사람에게 쓰라린 마음의 상처를 주기 때문에 분개한 모든 사람에게 비난을 받습니다.

4) 죄의 근원

죄의 근원이 되는 성향이 있습니다. 죄로 기우는 성향을 절제하고 선행의 습관을 함양하는 것을 인격 수양이라고 말합니다. 예로부터 가풍이 있는 집안에서는 어릴 때부터 죄로 기우는 일곱 가지 성향을 경계하도록 교육을 시켰습니다.

(1) 교만(驕慢, superbia)

무절제한 자만심이 교만입니다. 교만은 자기의 분수를 모르는 자존심입니다. 자만은 자기 역량을 넘는 일을 할 수 있다고 잘난 체하고 남을 업신여기는 자세입니다. 교만에서 지위나 명예를 부당하게 탐하는 죄가 나옵니다. 그리고 자기의 탁월성을 무질서하게 내세우는 허영심에서 근거 없는 고집이나 말다툼 같은 죄가 나옵니다. 교만의 반대는 겸손입니다.

(2) 인색(吝嗇, avaritia)

재물에 대한 무절제한 애착이 인색입니다. "돈은 벌기가 무척 어렵다. 그러나 재물을 얻기보다 보존하기가 더 어렵다." 그리고 "재물을 선용하는 것은 더욱 어렵다."라는 말이 있습니다. 재물을 가치 있게 선용하는 사람은 훌륭한 인격자입니다. 재물이 있다고 해서 낭비하면 참된 즐거움을 느끼지 못할 것입니다.

뜻밖에 횡재를 한 사람은 그 재물을 무의미하게 낭비할 가능성이 많습니다. 반면에 땀 흘려 번 재물은 가치 있게 사용하게 되기에, 그로 인한 보람을 느끼는 경우가 많습니다.

인색의 반대는 너그러운 마음입니다. 인색한 사람은 동정심이 메말라서 가난한 사람에 대해 무감각합니다. 재물을 탐하는 거짓말이나, 제품의 내용이나 용량을 속이면서 파는 죄를 범하기 쉽습니다.

(3) 호색(好色, luxuria)

성욕은 종족 보존의 본능을 충족시키려는 욕망입니다. 성행위의 쾌락은 하느님이 주신 선물입니다. 부부 간에 서로의 인격을 진심으로 존중하는 분위기에서 이루어지는 성행위는 혼인성사의 축복으로 최상의 만족감을 느끼게 합니다.

그러나 결혼 생활에서 배우자에 대한 신의를 배반하는 간통 행위는 평생의 불행을 자초하는 일입니다. 호색은 성적 쾌락을 무절제하게 탐하는 성향입니다. 호색의 반대는 순결입니다. 성폭행이나 성추행은 피해자의 인격을 모욕하는 행위인 만큼, 피해자의 일생에 지워지지 않는 악한 상처를 남기는 죄악입니다. 감각의 즐거움과 쾌락 그 자체가 나쁘다기보다, 그에 따른 음란함과 무절제함이 자신과 주변 사람들을 위태롭게 하거나 심성을 파괴할 수 있기 때문에 악한 행위가 됩니다.

[4] 분노(忿怒, ira)

분노는 무절제한 복수심입니다. 원수의 죽음을 불의하게 원하거나, 정당한 권리 없이 복수하거나, 정의보다는 분풀이로 과격한 복수를 하는 것입니다. 분노하는 사람은 모욕, 악담, 소리 지름, 욕설, 다툼, 싸움, 구타 등의 죄를 범할 수 있습니다. 하지만 정당방위는 인정됩니다. 이러한 분노의 반대는 인내입니다.

[5] 탐식(貪食, gula)

식욕은 인간의 강력한 기본적 본능입니다. 맛있는 음식을 탐하는 것은 자연적인 행위입니다. 그러나 맛있는 음식을 지나치게 찾는 식도락가는 탐식에 빠질 위험이 있습니다. 탐식은 음식을 무질서하게 탐하는 태도입니다. 식욕을 절제하지 않은 폭식은 소화 불량이 되고 육신을 해롭게 함으로써 참된 식사의 즐거움을 잃게 합니다. 폭식과 폭음의 결과로 과체중이 되면 건강이 위험해집니다.

식탁에 함께 앉은 타인들을 배려하는 마음 없이 이기적인 행위를 하면 주변 사람들이 불쾌해집니다. 그러면 사람들로부터 멸시를 받는 빌미가 됩니다. 그리하여 예전부터 가풍을 중시하는 가정에서는 어릴 때부터 식탁 예절을 가르칩니다. 밥상에 맛있는 반찬이 나오면 형제들 간에 다투지 않도록 어릴 때부터 철저하게 가정 교육을 시킵니다. 인격자는 음식 먹는 자세로 평가되는 경우가 흔합니다.

술을 탐하는 것을 '탐주(貪酒)'라고 말합니다. 알코올 의존자는 술을 무절제하게 탐하는 사람입니다. 만취는 선과 악을 분별하지 못하도록, 즉 정신이 없도록 취함을 뜻합니다. 고의적인 만취 상태에서 행한 범죄는 가중 처벌을 받을 이유가 됩니다. 습관적인 만취로 가정 폭력이 습관화된 불행한 인생도 있습니다.

[6] 질투(嫉妬, invidia)

질투는 남이 잘되는 것을 마치 자기 탁월성의 손실인 것처럼 여기고, 상대방을 미워하는 마음입니다. 질투의 본질은 남이 잘되는 것을 내가 잘못되는 것처럼 여기는 성향입니다. 같은 이유로 남이 잘못되는 것을 내가 잘되는 것처럼 즐거워하는 것도 질투입니다. 질투는 교만에서 나오는 마음가짐입니다. 질투의 반대는 애덕입니다.

질투하는 사람은 정당한 이유 없이 남을 비방하거나, 중상모략하거나,

못마땅하게 여기거나, 미워하는 잘못을 범하게 됩니다.

(7) 태만(怠慢, acedia)

태만은 자기의 본분을 게을리하는 자세입니다. 예를 들면 부모로서의 의무를 게을리하거나 공직자가 본분을 태만하는 경우입니다. 또한 자신의 육신에 대한 태만도 있습니다. 건강을 유지하기 위한 노력을 게을리하거나, 특히 건강을 해치는 음주나 흡연을 절제하지 못하는 경우입니다.

영신적 태만은 신앙생활을 게을리하거나, 부모에게 대한 효도를 게을리하는 것 등을 의미합니다. 태만한 사람은 자기 인생의 발전을 위해 노력하지 않고 무의미하게 시간을 낭비합니다.

6. 윤리덕과 향주덕

습관적으로 선을 행하고 악을 피하려는 마음가짐을 덕 또는 덕행이라고 말합니다. 덕행은 선행의 항구한 습관을 뜻합니다. "습관은 또 하나의 천성(天性)이다."라는 격언이 있습니다. 습관적으로 선행을 하는 사람은 성인이라고 칭송받습니다. 그 반면에 습관적으로 범행을 저지르는 사람은 상습 범죄인이라는 소리를 듣습니다.

덕행은 두 가지로 구별됩니다. 대상으로 보아서는 윤리덕과 향주덕으로 구별되고, 원인으로 보아서는 본성적(자연적) 덕행과 초자연적 덕행으로 구별됩니다. 윤리덕은 사람과 사람 사이의 본성적 덕행이고 향주덕은 하느님께 향한 초자연적 덕행입니다.

1) 윤리덕(倫理德, virtus humana)

(1) 본성적 덕행(virtus naturalis)

윤리덕은 사람이 타고난 양심을 따라 평생 자기의 본능력으로 수양해 바르게 생활하는 습관입니다. 윤리덕은 사람의 본능력으로 노력해 얻는 덕행입니다. 그래서 본성적 덕행이라고 합니다. 이 윤리덕은 신앙인이 아니라도 많은 사람들로부터 존경을 받는 신망이 높은 분들에게서 볼 수 있는 덕행입니다.

덕이 있는 사람은 자신의 감각적, 영적인 모든 능력을 다해서 최선을 향해 나아갑니다. 덕이 있는 사람은 구체적인 행동들 안에서 선을 추구하고 선을 선택하고 악을 피합니다. 덕행은 도덕적으로 선한 행위들의 씨앗이자, 열매입니다.

(2) 선행의 습관

윤리덕은 선을 행하는 것이 몸에 밴 확고한 마음가짐입니다. 덕행 즉 선행의 습관은 인간이 선한 일을 더욱 잘하게 합니다. 윤리덕은 사람의 행위를 규제하고, 사람의 감정에 질서를 부여하며, 사람의 행실을 이성과 신앙에 따라 인도하는, 영혼의 흔들리지 않는 마음가짐입니다. 다시 말하면 윤리덕은 사람이 모든 일을 정리(正理)에 맞도록 윤리 생활을 하게 만드는 습관입니다.

윤리덕은 교육과 사려 깊은 행위, 그리고 그 덕을 행하려는 꾸준한 노력으로 성장합니다. 하느님의 은총은 윤리덕을 정화하고 고양합니다. 예를 들면 유명한 피아니스트는 성실한 노력으로 성취된 결과입니다. 피아노를 잘 치는 사람은 어떤 상황에서도 피아노를 잘 칩니다. 이와 마찬가지로 선을 행하는 일이 습관이 된 사람은 힘들이지 않고 자연스럽게 선행을 계속합니다. 윤리덕은 성실한 수련 생활을 통해서만 성취되는 높은 경지의 인격입니다.

(3) 덕은 하느님을 닮는 것

하느님은 질서 있고 선한 세상을 창조하셨습니다. 모든 피조물이 각기 고유한 선함을 지닙니다. 다만 인간이 존재하는 자체만으로 선한 것은 아닙니다. 오직 하느님만이 선하십니다. 따라서 사람이 선하게 되려면 하느님의 선하심에 참여해야 합니다. 그런데 사람이 하느님의 선하심에 참여하는 것은 거저 주어지는 것이 아니라, 인간이 자유 의지로 결정하는 수련 생활을 통해 실현시켜야 할 과제입니다. 덕행 생활의 목적은 하느님을 닮는 것입니다.

2) 사추덕(四樞德, virtutes cardinales)

여러 가지 윤리덕은 현명, 정의, 용기, 절제의 네 가지 덕을 중심으로 정리할 수 있습니다. 이 네 가지 덕이 다른 모든 덕의 중추(中樞)이기 때문에 사추덕이라고 말합니다. 사추덕 외에 효성, 순명, 진실, 관대, 인내, 겸손,

정결 등의 덕이 있습니다.

(1) 현명(賢明, prudentia)

현명은 어떠한 경우에도 참다운 선을 식별하고 그것을 행할 올바른 방법을 선택하도록 실천적 이성을 준비시키는 덕입니다. 현명한 사람은 양심의 판단에 따라 자기 행동을 결정하고 규제합니다. 또한 구체적인 어떠한 일에 윤리적 원칙을 적용하며, 이뤄야 할 선과 피해야 할 악에 대한 의심을 극복합니다.

생각이 깊은 현명한 사람은 행동을 삼갑니다. 현명은 규율과 척도를 일러 줌으로써 다른 덕들을 이끌고, 양심적인 판단을 내리게 합니다. 현명한 사람은 이 판단에 따라서 자신의 행동을 결정하고 규제합니다. 또한 자기의 분수를 알기에 진실하고 겸손합니다.

(2) 정의(正義, justitia)

정의는 각자에게 그의 것을 주는 것이며, 각 사람에게 마땅히 줘야 할 것을 주려는 굳은 의지입니다. 정의는 각 사람의 권리를 존중하고 인간관계에서 공평과 공동선을 촉진시키는 조화를 확립합니다.

정의는 전통적으로 세 가지 형태로 분류됩니다.

① 교환 정의

첫째, 교환 정의는 정의의 기본적 형태입니다. 이것은 개인 상호 간의 정의입니다. 즉 개인에 대한 개인의 정당한 대우입니다. 고용인은 피고용인에게 정당한 임금을 지불할 의무가 있고, 피고용인은 고용인에게 임금에 상응하는 성과를 제공할 의무가 있습니다.

부모는 자녀에게 배려와 보살핌을 줘야 할 의무가 있고, 자녀는 부모를 마땅히 존경하고 부모에게 순명할 의무가 있습니다. 부부는 서로 존중하고 협력할 의무가 있습니다.

교환 정의에는 보충할 것이 있습니다. 사랑 없이는 정의도 없고, 기초적인 정의 없이는 사랑도 없다는 것입니다. 위기에 처한 피난민들을 돕는 것은 물론 선한 일이며 이웃 사랑인 동시에 정의의 의무입니다.

② 분배 정의

정의의 둘째 형태는 분배 정의입니다. 이것은 개인에 대한 사회의 정당한 대우입니다. 분배 정의는 공동체의 정치적 권위에 부여된 특별한 과업입니다. 개인이 혼자서 처리할 수 없는 것은 사회의 도움이 필요합니다. 일생 동안 사회에 기여한 사람이 병들고 노인이 되었을 때 사회는 그를 보살펴야 할 의무가 있습니다. 국가의 복지 제도가 미약할 경우, 분배 정의는 약한 구성원들이 부당한 대우를 받지 않도록 특별히 주의해야 합니다. 강자가 약자의 희생을 통해 자신의 손해를 보충하지 못하도록 감시해야 합니다.

③ 법적 정의

정의의 셋째 형태는 법적 정의입니다. 이것은 사회에 대한 개인의 정의입니다. 공동체를 구성하는 구성원 각자에게는 공동선에 대한 공동 책임이 있고, 이 공동선이 개인이나 단체의 이익보다 우선해야 한다는 것입니다. 각 개인이 자신의 것을 공동선을 위해 헌신할 때 국가 사회가 존립할 수 있다는 것을 오늘날 복지 국가의 위기에서 거듭 확인할 수 있습니다.

중요한 것은 교환·분배·법적 정의 이 세 가지 형태의 정의가 다 함께 갖추어져야 한다는 것입니다. 이 세 가지 정의를 위한 정직한 마음과 생각을 지닌 정의로운 사람이 많아야 합니다. 사회와 공동선은 이와 같은 정직한 사람들에 의해서 이루어집니다.

④ 경신덕(敬神德, virtus religionis)

정의의 가장 심오한 형태는 하느님에 대한 정의입니다. 인간이 하느님께 향한 정의를 '경신덕'이라고 말합니다. 즉 인간은 하느님께로부터 모든 것을 받았기 때문에, 정의에 따라서 모든 것을 하느님께 돌려 드려야 합니다. 사람이 하느님께 빚지고 있는 모든 것, 하느님께 받은 모든 것, 사람이 가지고 있는 모든 것을 하느님께 드리는 것이 경신덕입니다.

[3] 용기(勇氣, fortitudo)

용기는 어려움과 고난 가운데서도 단호하고 꾸준하게 선을 추구하도록 이끌어 주는 덕입니다. 용기는 도덕적인 삶에서 유혹을 이기고 장애를 극복하고자 하는 결심을 확고하게 해 줍니다. 용기는 죽음의 공포까지도 이겨 내게 하며 시련과 박해에 맞서게 합니다. 또한 정당한 일을 옹호하기 위해 자신을 희생하고 목숨까지 바칠 수 있게 합니다.

① 악의 세력

세상에는 악과 악의 세력이 존재합니다. 따라서 선은 자동적으로 성취되는 것이 아닙니다. 수고와 역경, 위험이나 박해까지도 견뎌 낼 각오 없이는 정의도 없습니다. 어떠한 어려움에도 불구하고 선을 위한 확고한 각오를 용기라고 말합니다. 악의 세력은 놀랍습니다. 공포와 두려움은 사람을 업악하는 모든 것에 대한 인간으로서의 정상적인 반응입니다. 두려움을 못 느끼는 사람은 위험에 대해 경고하는 매우 중요한 기능이 결핍되어 있는 것입니다. 교만과 무지로 위험을 인식하지 못하는 사람은 자신과 이웃에 중대한 위험을 초래할 수 있습니다. 따라서 무모함은 용기의 표현이 아니라 그 반대입니다. 오히려 의지 안에서 오만함이나 경솔함으로 인한 위험으로 치닫지 않고 올바르게 중심을 지키는 것이야말로 용기입니다.

용기는 구체적으로 말하면 선을 거부하게 하는 여러 가지 장애에 대한 두려움을 극복하는 것입니다. 이 두려움은 여러 가지 형태나 다양한 영역에서 나타납니다. 두려움은 명확한 억압에 따른 정당한 감정일 수도 있고, 근거 없는 막연한 감정일 수도 있습니다. 따라서 용기는 여러 가지 두려움을 잘 분별해야만 합니다. 실제로 무엇을 두려워해야만 하는지, 그리고 무엇에 대한 두려움을 극복해야만 하는지를 인식해야 합니다.

특별히 용기는 인간에 대한 공포를 극복하는 역할을 해야 합니다. 실제로 독재 정권하에서는 용기가 필요합니다. 예를 들면 같은 직장에 부당한 처사를 당한 동료가 있는데, 그를 도와주면 자기의 일자리를 잃을까 봐 침묵하는 것은 흔히 있는 일입니다. 가족에 대한 걱정과 삶의 보장에 대한 걱정은 양심의 갈등을 초래할 수 있습니다.

② 하느님에 대한 경외심

그렇다면 어디에서 용기의 올바른 기준을 찾을 수 있을까요? 예수님께서 그 기준을 제시하셨습니다. "육신은 죽여도 영혼은 죽이지 못하는 자들을 두려워하지 마라. 오히려 영혼도 육신도 지옥에서 멸망시킬 수 있는 분을 두려워하여라."(마태 10,28)

건강, 부유함, 직장, 지위 등은 언제든지 사라져 버릴 수 있습니다. 이러한 것들을 잃는 것이 두려울 수 있습니다. 그러나 그 두려움 때문에 모든 것을 결정해서는 안 됩니다. 우리가 반드시 두려워해야 할 것은 죄로 인해 영원한 생명을 잃어버리는 것, 그리고 우리의 생명이신 하느님으로부터 영원히 격리되는 것입니다. 바로 이것이 가장 중요한 기준입니다.

따라서 용기는 하느님에 대한 두려움에서 나옵니다. 우리는 사랑에 의한 염려와 우리 생명의 존귀함, 그리고 하느님의 사랑을 허비하지 말아야 합니다. 따라서 하느님의 진실하심과 사랑 때문에 육신적인 재물과 생명까지 포기하는 순교는 숭고한 용기의 행위입니다. 분명한 것은 모든 덕의 참된 기준은 사랑이고, 이 사랑은 모든 덕에 해당된다는 것입니다.

[4] 절제(節制, temperantia)

절제는 감각적 쾌락의 유혹을 조절하고, 균형감 있게 재화를 사용할 수 있도록 이끌어 주는 윤리덕입니다. 절제는 본능에 대한 의지를 억제하도록 돕고, 욕망대로 따르는 것을 막습니다. 절도 있는 사람은 감각적 욕망이 선을 향하게 하고, 건전하게 생활하도록 조심합니다. 자기의 정욕만 믿고서 탐욕에 빠지는 일이 없도록 자제합니다.

모든 덕은 균형 있고 절도 있게 행해져야 합니다. 즉 현명은 올바른 판단에 따라 행하도록 하고, 정의는 다른 사람에 대한 합당한 행동이 이루어지도록 하며, 용기는 정당하게 자기 자신을 포기함으로써 어려움에 대항하도록 이끄는 덕입니다. 절제의 덕은 사람이 행동할 때 균형을 유지할 수 있도록 자기 자신을 다스리는 덕입니다.

성욕이나 식욕이나 소유욕은 중용을 지킬 때 진정한 즐거움을 누릴 수 있습니다. 성욕과 식욕은 인간의 강력한 본능적인 욕구입니다. 식욕은 자아 생존의 본능이고 성욕은 종족 보존의 본능입니다. 이러한 성욕과 식욕을 조절한다면 우리는 자기 내부에 항상 자리 잡고 있는 자기 파괴적인 행동으로부터 자신을 보호할 수 있으며, 자신을 발전하고 성장하게 만드는 상황에서 자기 보존의 힘을 실현시킬 수 있습니다. 이러한 조절에는 순결과 절제를 위한 씨앗이 자리하고 있으며, 이를 통해 절제의 덕을 실천할 수 있습니다.

하느님께서 만드신 모든 것은 하느님의 뜻 안에서 사용되어야 합니다. 순결은 사람이 모든 사물 안에서 자기 자신만을 찾지 않으며, 자기 자신을 위해 모든 사물을 남용하지 않는다는 것을 전제하고 있습니다. 따라서 우리가 참된 사람이 되어, 하느님의 피조물인 서로를 참되게 받아들일 수 있게 하는 것이 순결의 목표입니다.

금욕, 절제, 분수를 아는 것, 차분함, 극기 등은 당연히 필요한 것입니다. 특히 절제의 대표적인 행위 중 하나인 종교적 단식은 깨끗하고 자유로운 마음과 하느님과 이웃 사람들에게 열려 있는 마음, 자기 자신으로부터의 자유를 바탕으로 이루어져야 합니다. 신약 성경에서는 이러한 절제를 '중용(中庸)' 또는 '절도(節度)'라고 말하고 있습니다.

3) 향주덕(向主德, virtutes theologales)

향주덕은 그리스도교 신자들이 거룩하신 하느님과 친밀한 관계를 맺으며 살아가게 해 주는 덕입니다. 향주덕의 근원과 동기와 대상은 하느님입니다.

향주덕은 사람의 능력으로 되는 것이 아닙니다. 향주덕은 하느님의 은총으로 이룰 수 있는 초자연적 덕행(virtus supernaturalis)입니다. 하느님께서 반포하신 계명에 따라, 그분께 순명할 뜻으로 하느님의 영광과 자기 영혼을 구하기 위해 행하는 덕행입니다.

향주덕에는 신덕·망덕·애덕이 있습니다. 다시 말하면 신자들은 신앙으로 하느님의 약속을 믿고 희망하며 진·선·미의 근원이신 하느님께 사랑으로 헌신합니다.

향주덕은 모든 윤리덕에 의미와 생명을 줍니다. 윤리덕은 타고난 양심을 따라 바르게 삶으로써 스스로의 노력으로 얻는 덕행입니다. 그렇기에 향주덕은 신앙인이 선물로 받아들이고, 성장시켜야 하는 덕입니다.

(1) 신덕(信德, fides)

사람에 대한 믿음을 드러낼 때 신용이나 신뢰가 있다고 말합니다. 하느님의 말씀을 믿고 따르는 것을 신앙이나 신덕이라고 합니다. 덕은 선행의 습관을 뜻하는 것으로, 신덕은 하느님을 항상 믿는 마음의 상태를 일컫는 것입니다.

　시간과 공간의 제약을 받는 인간이 초자연의 영적 존재이신 하느님을 믿고자 하는 마음이 생기려면 하느님의 은총이 필요합니다. 신앙은 진리를 인정하는 것이므로 본래가 지능 행위입니다. 신앙은 지능 행위이지만 착한 마음과 자유로운 의지의 명령으로 해 나가는 것입니다.

　현대인들은 일상의 여러 가지 일들을 잘 알지 못하면서도 일단 믿는 경우가 많습니다. 3만 ft 높이의 하늘에서 시속 900km씩 날아가는 여객기의 비행 이론을 알고 타는 사람이 몇 명이나 되겠습니까. 그런데도 국제 여행을 하는 사람은 여객기가 안전할 거라고 믿고 탑니다. 고속 철도나 선박을 타는 사람도 안전할 거라고 믿고 탑니다.

　일상생활에서 사용하는 기계들은 모두 기술 문명이 만들어 낸 생산품입니다. 우리는 가정에서 제품에 대한 전문적인 지식은 모르면서도, 아침부터 저녁까지 여러 가지 생산품을 이용하고 있습니다. 고층 건물의 역학을 생각하거나 확인하고서 이용하는 사람이 몇 명이나 되겠습니까. 우리가 고층 건물에 있는 엘리베이터의 작동 원리를 알거나 확인해 보고 이용합니까? 혹은 약의 구성 성분에 대해서 확인해 보고 약을 복용합니까? 우리는 일상생활의 모든 것을 잘 알지 못하는 상태에서 믿고, 그것을 활용하면서 편리하게 살고 있습니다.

　믿는다는 것은, 알지도 못하고 체험하지도 못한 것을 말하는 이의 권위를 보아 그런 줄로 인정하는 지능 행위입니다. 이 지능 행위는 의지의 명령으로 되는 것입니다.

　그런데 질서 정연한 우주 만물을 보고, 또 신비한 사람의 신체를 보고 인과율(因果律)의 원리에 근거해 창조주 하느님의 존재를 추정하면서도, 하느님을 직접 보거나 체험하지 못했다고 해서 하느님이 없다고 단정하는 것은 무리가 아닙니까?

결국, 하느님이 계심을 믿는 것이 신덕의 첫 번째 대상입니다.

신덕의 둘째 대상은 성경과 성전을 통해 계시되었고, 거룩한 교회가 성대한 판결이나 상례적·보편적 교도권으로 신자에게 가르쳐 주는 모든 진리를 믿는 것입니다. 신앙의 진리를 믿는 것이 신덕입니다.

신덕은 신앙으로써 하느님을 믿고, 하느님께서 우리에게 계시하신 것과 거룩한 교회가 우리에게 믿으라고 제시하는 모든 것을 믿는 향주덕입니다.

(2) 망덕(望德, spes)

망덕은 그리스도께서 약속하신 영원한 생명을 믿고 바라는 마음입니다. 망덕은 그리스도의 약속을 신뢰하며, 자기 자신의 힘을 믿지 않고 성령의 은총에 의지해 자신의 행복인 하늘나라와 영원한 생명을 갈망하게 하는 향주덕입니다.

우리는 망덕으로써 영원한 생명과 그것을 누릴 자격을 얻기 위한 은총들을 확고한 신뢰를 갖고 하느님께 바라고 또 기대합니다.

망덕의 첫 대상은 천국에서 누릴 영원한 생명입니다. 이러한 행복은 하느님을 만나 뵙고 사랑함으로써 누리게 됩니다. 그런데 사람의 능력만으로는 하늘나라에 갈 수 없고 반드시 하느님의 은총이 필요합니다.

망덕의 첫 대상을 달성하기 위해서 필요한 은총을 희망하는 것이 망덕의 둘째 대상입니다. 사람이 그리스도의 약속을 믿고, 죄를 뉘우치고 회개하면 용서받습니다. 그리고 선을 행하고 악을 피하기 위해 필요한 은총을 받게 됩니다. 이것을 희망하는 것이 망덕입니다.

망덕은 하느님의 은총을 믿고 바라는 의지의 행위입니다. 반면에 자기는 너무나 큰 죄인이어서 구원받을 수 없다고 실망하거나, 하느님의 은총 없이 인간의 능력만으로 영원한 생명을 얻을 수 있다고 믿거나, 인간의 협력 없이 그리스도의 공로로만 영원한 생명을 얻을 수 있다고 믿거나, 악한 인간이어도 하느님을 믿기만 하면 구원받을 수 있다고 주장하는 것은 망덕을 어기는 죄입니다.

(3) 애덕(愛德, caritas)

애덕은 우주 만물을 창조하시고 특별히 인간에게 영원한 생명을 약속하신 하느님을 온몸과 온정신으로 사랑하고 또 하느님에 대한 사랑 때문에 이웃을 자기 자신처럼 사랑하는 습성입니다.

예수님은 하느님을 온몸과 온정신으로 사랑하고, 이웃을 자기 자신처럼 사랑하라는 것이 모든 계명을 종합한 것이라고 가르쳐 주셨습니다(루카 10,27 참조). 그리고 제자들에게 "너희의 착한 행실을 보고 사람들이 하느님을 찬양하게 하라."라고 말씀하셨습니다(마태 5,16 참조).

애덕은 모든 피조물들 위에 하느님을 경애하게 하는 향주덕입니다. 모든 덕의 바탕인 애덕도, 신덕과 망덕처럼 하느님의 은총이 필요합니다.

하느님은 초자연적이고 영적인 존재이십니다. 시간과 공간에 얽매이는 피조물에 불과한 인간이 하느님을 사랑한다는 것이 무슨 뜻입니까?

① 효도의 비유

한 가지 비유를 들어 봅시다. 사람은 자기를 이 세상에 태어나게 한 부모님께 당연히 효도해야 합니다. 부모님께 기쁨을 드리는 것이 효도입니다. 물질적인 효도를 하는 경우, 때로는 부모님이 다른 것을 원하심으로써 낭패를 보는 경우가 이따금씩 있습니다. 좋은 선물을 마련해서 부모님께 기쁨을 드리려고 했는데 알고 보니 부모님은 해외여행을 더 바라고 계셨습니다. 그래서 기껏 드린 선물이 빛을 잃는 경우도 없지 않습니다.

효도의 본질은 부모님이 원하시는 것을 해 드리는 것입니다. 그러면 부모님이 원하시는 것이 무엇일까요? 어느 부모든 아기를 낳은 부모는 그 아기가 무탈하게 성장해서 많은 사람들로부터 칭송을 받는 큰 인물이 되기를 바랍니다. 그러니까 자녀가 많은 사람들에게 박수를 받는, 또는 선행을 많이 하는 큰 인물이 되는 경우에, 자녀들이 받는 칭찬이 바로 부모님께는 영광이 되는 것입니다. 이것이 효도의 핵심입니다.

또한 부모는 형제자매들이 화목하게 살기를 바라십니다. 같은 어버이에게서 태어난 형제자매들이 사이가 나쁘면 부모에게는 큰 고통이 됩니다. 부모가 진정으로 원하는 것은 형제자매들이 서로 상부상조하면서 돈독한 형제애로 똘똘 뭉쳐서 사는 것입니다.

부모에게 효도하고 형제자매들이 오순도순 서로 사랑하고 도와 가며 산다면, 주변 사람들은 그러한 자녀들을 낳아서 기른 부모를 입이 마르도록 칭찬합니다. 이것이 바로 진정한 효도입니다.

이러한 효도는 부모가 살아 있을 때뿐만 아니라 세상을 떠난 다음까지도 유효한 효도입니다. 자녀가 사람들에게 칭찬을 받을 때 그 부모도 함

마리아와 엘리사벳
작자 미상, 1460년,
크렘스뮌스터 수도원 미술관, 잘츠부르크, 오스트리아.

께 영광을 받는 것입니다.

이와 마찬가지로 많은 이들을 행복하게 하는 사람이 있고, 그 사람 덕분에 행복을 누리게 된 다른 사람들은 그 사람을 존재하게 하신 하느님께 영광을 드리게 됩니다. 이웃을 자기 자신처럼 사랑해야 하는 이유는 모든 사람들이 우리의 형제자매이기 때문입니다.

하느님은 나뿐만 아니라 다른 사람들도 하느님의 모습을 닮은 존귀한 인간으로 창조하셨습니다. 그렇기 때문에 우리 모두는 하느님이 낳아 주신 형제자매라 할 수 있습니다. 따라서 모든 인류가 서로 사랑하고 서로 도우면 바로 그것이 모두가 행복하게 사는 길입니다. 이것이 하느님께서 인류를 이 세상에 존재하게 해 주신 이유이고 목적입니다.

하느님은 모든 사람이 착한 일을 많이 함으로써 행복한 인생을 살다가 하늘나라에 가서 영원한 생명을 누리기를 바라십니다. 이것이 우리가 이 세상에 존재하게 된 이유이고 목적입니다.

> 우리는 하느님의 모습대로 창조되었고, 각자의 사명을 부여해 주신 다양한 사람들과 함께 어울려 이 세상을 살아갑니다. 우리가 살고 있는 가정과 사회 공동체 안에서 하느님의 질서와 섭리, 뜻을 실천하는 그분의 피조물이 되어야 합니다. 그러기 위해서는 어떤 노력을 해야 할까요? 베틀에서 아름다운 천을 만들어 내기 위해 노력하는 것처럼 가정과 사회생활에서 우리가 노력해야 할 것들을 알아봅시다.

제2부
공동선을 추구하는 사람

성모 마리아의 교육
조반니 바티스타 티에폴로(Giovanni Battista Tiepolo, 1696~1770년), 1732년, 캔버스에 유채, 카 레초니코 미술관, 베네치아, 이탈리아.

공익의 눈으로 본 인생

1. 가정: 축복받는 보금자리

1) 혼인 준비

혼인은 인생의 중대한 일입니다. 혼인이 실패하면 인생이 불행해집니다. 되돌릴 수 없는 혼인이 실패하지 않도록 철저하게 준비해야 합니다.

결혼이란 기한을 정해 두고 몇 년 동안 동거하는 것이 아닙니다. 길게는 70년을 함께 살게 되는데, 이때 배우자의 수많은 욕구와 기대를 완벽히 충족시켜 줄 사람은 아무도 없습니다. 때때로 충족시켜 줄 수는 있겠지만, 전 생애에 걸쳐서 그럴 수 있는 사람은 단 한 사람도 없습니다.

흔히 혼인 준비를 하는 사람들 대부분은 물질적 준비에만 몰두하는 경향이 있습니다. 그러나 혼인은 물질적인 준비에 의해 좌우되는 것이 아니라, 부부가 결혼의 의미를 충분히 깨닫고, 외적인 강요가 없는 자유의사로 평생을 함께하자고 중대한 결정을 내리는 것입니다.

연애 시절에는 어떠한 차이나 어려움이 있더라도 사랑만 있으면 극복할 수 있을 거라고 여깁니다. 그러나 결혼하고 매일 함께 살면서 권태기에 들어서면 사소한 문제로도 함께 살기가 어려워질 수 있습니다. 특히 부부가 서로 신앙이 다르면 자녀의 신앙 교육 문제가 대두되었을 때 심각한 갈등이 생깁니다.

따라서 남녀가 이기적인 생각으로 결혼하면 실패할 수밖에 없습니다. 행복한 결혼에 이르려면 서로가 상대방을 배려하고 돕는 배필이 되어야 합니다. 결혼 생활은 어떤 배우자를 만났느냐가 중요한 것이 아니라, 어떤 배우자를 만났건 어떻게 사느냐가 중요한 것입니다.

최근에 우리나라에서는 결혼한 지 3년 안에 이혼하는 비율이 높다고 합니다. 이혼 사유는 대체로 성격 차이라고 합니다. 그런데 왜 연애하는 동안에는 성격 차이를 알지 못했을까요? 사람들이 이혼을 하는 흔한 이유 다섯 가지는 다음과 같습니다.

첫째, 대화 단절, 소통의 부재

둘째, 경제적 어려움

셋째, 배우자의 부정 행위

넷째, 배우자의 가정 폭력

다섯째, 알콜, 도박, 마약 중독 등

부부는 몸뿐만 아니라 마음과 정신까지 일치해야 합니다.

결혼의 성공 여부는 결혼 생활의 실체를 인식하고 배우자에게 적응하려는 노력 여하에 달려 있습니다. 성실히 준비한 사람이라야 본 시합에서 좋은 성과를 거둘 수 있습니다.

2) 혼인

(1) 남자와 여자

하느님의 모습을 닮은 인간은 인격에서는 완전히 동등하지만 존재의 특성은 서로 다른, 남자와 여자로 창조되었습니다.

남자와 여자는 서로를 위한 존재로 창조되었습니다. 하느님은 남녀를 반쪽으로 불완전하게 만드신 것이 아니라, 서로 인격적으로 일치하도록 만드셨습니다. 이 일치 안에서 남녀는 상대방을 위해 도움을 줄 수 있습니다.

혼인은 창조주께서 남자와 여자를 창조하심으로써 제정된 제도입니다. 남자와 여자는 본성적으로 서로에게 끌립니다. 그러니까 남자와 여자가 결합해 함께 사는 혼인은 가장 자연스러운 제도입니다.

(2) 혼인의 합의
① 자유 의지로 맺는 혼인 합의

생명과 사랑의 부부 공동체는 인격적인 합의로 맺은 계약으로 성립됩니다. 결코 철회할 수 없는 계약으로 이루어진 혼인의 소명은 남자와 여자의 본성에 새겨져 있습니다.

부부 공동체는 한 남자와 한 여자가 어떠한 강요도 받지 않은 자유 의지로 혼인 서약을 함으로써 성립됩니다. 혼인하는 남녀가 각각 상대방을 향

시슬레 부부의 초상
피에르 오귀스트 르누아르(Pierre Auguste Renoir, 1841~1919년), 1868년,
캔버스에 유채, 발라프 리하르츠 미술관, 쾰른, 독일.

해 "나 (OOO)는 당신 (OOO)을 나의 (아내 또는 남편)으로 맞아들여, 즐거울 때나 괴로울 때나, 성할 때나 아플 때나, 일생 당신에게 신의를 지키며 사랑하고 존경할 것을 약속합니다." 하고 공개적으로 서약합니다.

혼인 예식은 민족별로 다양합니다. 그러나 어떤 민족에게나 혼인의 숭고함을 인정하는 공통적 특성들이 있는데, 그것은 그 혼인의 축복을 기원하는 내용입니다. 개인의 행복과 사회의 안녕은 부부 공동체와 가정 공동체의 행복과 직결되어 있습니다.

② 한 남자와 한 여자

혼인은 한 남자와 한 여자의 혼인 합의로 성립됩니다. 그런데 근래에 동성 결혼을 주장하는 사람들이 있습니다. 혼인은 자연법에 따라 남성과 여성 사이에만 유효하게 성립될 수 있습니다. 혼인은 사람이 정한 제도가 아니라 자연법에 의한 제도이므로, 인간이 자연을 거슬러 동성끼리 결혼하는 제도를 만들 수는 없습니다. 자연법을 어기는 인간의 실정법은 그 자체로 무효입니다.

(3) 혼인의 효과

혼인은 부부의 선익과 자녀의 출산 및 교육을 목적으로 합니다.

① 부부의 선익

사랑으로 인간을 창조하신 하느님은 또한 인간들이 서로 사랑하도록 부르셨습니다. 사랑은 모든 인간이 타고난 근본 소명입니다. 인간은 바로 '사랑이신' 하느님과 닮은 모습으로 창조되었기 때문입니다. 하느님은 인간을 남자와 여자로 창조하시고, 남녀 간의 사랑이 당신께서 사람을 사랑하시는 절대적이고 변함없는 사랑의 표상이 되게 하십니다. 이 사랑은 창조주께서 보시기에 매우 좋은 것입니다.

② 자녀 출산

하느님은 자식을 낳고 번성해 온 땅에 퍼져서 땅을 정복하라며 인간을 축복하셨습니다. 부부의 사랑과 자녀의 출산은 그 가정의 구성원들이 서로 인격적 관계를 형성하고 일차적 책임을 지게 합니다. 결혼을 통해 부부로 결합된 한 남자와 한 여자는 그들의 자녀들과 더불어 한 가정을 이룹니다. 부부가 된 남녀는 배우자와 부모로서 후손들에게 인간 생명을 전달하고, 그로써 하느님의 일에 협력합니다.

(4) 부부의 친교

하느님은 남자도 여자도 아닌 순수한 영(靈)이십니다.

하느님의 모습을 따라 창조된 남자와 여자는 동등한 인격과 존엄성을 가지며, '남성'과 '여성'으로서 창조주의 지혜와 선을 반영합니다. 남녀는 존재의 특성에서만 약간 다를 뿐이고, 서로가 불완전한 '반쪽'이 아니라 서로를 보완하는 존재로 창조되었습니다.

인간은 누구나 자신 안에서나 자기가 속한 공동체 안에서나 선뿐 아니라 악도 체험합니다. 원죄의 후유증인 악의 체험은 남자와 여자의 관계에서도 겪습니다. 어느 시대에서나 부부 사이에는 불화가 있었고 지배욕과 부정, 질투, 증오 때문에 결별에까지 이르는 일들도 있었습니다.

보편적 현상처럼 보이는 이러한 부부의 혼란은 남녀의 본성이나 부부의 본성에서 비롯되는 것이 아니라, 죄에서 비롯된 것입니다. 하느님과 단절된 원죄의 첫 번째 결과는 부부의 원초적 친교가 단절된 것입니다. 서로 잘못에 대한 책임을 넘기고 비난함으로써 그들의 관계는 왜곡되었고, 창조주께서 주신 선물인 상호 간의 매력은 지배와 탐욕의 관계로 변질되었습니다. 또한 자식을 낳고 번성해 땅을 정복하라는 남편과 아내의 아름다운 소명에는 생계 유지와 출산의 고통이라는 고생이 부과되었습니다.

죄의 상처를 치유하려면 부부에게 하느님 은총의 도움이 필요합니다. 하느님 은총의 도움이 없으면 부부는 '한처음에' 하느님께서 그들을 창조하신 목적인 두 인격의 일치를 실현하지 못합니다.

3) 혼인 생활

(1) 심리적 일치

일반적으로 부부들은 사랑을 잘 알고 있다고 생각합니다. 그러나 막상 사랑에 대해서 설명하라고 하면 주저합니다. 그래도 부부들은 사랑이야말로 결혼 생활의 가장 중요한 요소라고 여길 것입니다.

사랑하면 사랑할수록 한없이 주고 싶은 것이 참사랑입니다. 그러므로 부부의 사랑도 조건 없이 자기 자신을 상대방에게 줘야 합니다. 가족을 사랑하는 아버지는 아내와 자녀들을 위해 기쁜 마음으로 일터로 향합니다.

우리는 흔히 사랑한다는 말과 좋아한다는 말을 혼동합니다. 사랑한다는 것은 상대방을 위해 자신을 주는 것이고, 좋아한다는 것은 타인이나 어떤 물건을 자신의 만족이나 쾌락을 위해서 이용하는 것입니다.

"남편을 잘못 만나면 평생 원수, 아내를 잘못 만나도 평생 원수."라는 속담이 있습니다. 이 속담을 알면서도 결혼이란 부부가 서로 반반씩을 주고받는 하나의 교환이라고 말하는 이도 있습니다. 이러한 말은, 바꾸어 말하면 결혼 생활은 자기가 받는 만큼 주는 것이라고 여긴다는 것을 나타냅니다. 이러한 견해로는 결혼이 하나의 사업이 될 수는 있을지언정 사랑이라고는 결코 말할 수 없는 것입니다. 사랑이란 받는 만큼 주는 것이 아니라, 그저 주는 것입니다.

결혼의 핵심은 사랑이라고 하지만 그 사랑의 본체를 정확하게 설명하는 사람은 드뭅니다. 배우자의 인격을 존중하고 신뢰해야 진정한 사랑이 클 수 있습니다.

부부가 이기적인 사고방식으로 산다면 결혼 생활이 성공할 수 없습니다. 이기적인 사람은 배우자한테 무의식적으로 자신이 겪은 고통과 실망을 불평하게 됩니다. 또한 자기가 잠이 안 올 때 깊이 잠든 배우자를 깨워서 자신의 넋두리를 늘어놓으려 할 것입니다. 이기심이 강한 어떤 사람은 자기 배우자가 편하게 곤히 잠든 모습을 보고 분개한다고까지 합니다.

사랑의 반대말은 미움이 아니고 이기심이라고 합니다. 자기중심적인 배우자는 화를 잘 내고 자주 우울해하며, 급기야 가족 전체를 우울하게 만듭니다. 참된 사랑이 있는 사람이라면 배우자나 자녀들에 대해 관심을 가지게 되고, 반대로 이기심이 있는 사람은 자기의 쾌락과 만족만을 생각하게 됩니다.

부부들이 서로 주고받는 대화만 들어도 그들의 결혼 생활에 문제가 있는지 없는지를 단번에 알 수 있습니다.

부부가 배우자에 대한 희생정신으로 상대방의 행복을 위해서만 노력한다면 그 결혼 생활은 성공할 것입니다.

다음과 같은 문제에 대해 부부가 함께 대화해 봅시다.

① 당신은 사랑을 설명할 수 있습니까?
② 결혼이란 서로가 공평하게 반반씩 주고받는 것이라는 생각에 동의합니까?
③ 배우자와 자녀들에게 어떻게 하면 진실된 사랑을 보여 줄 수 있다고 생각합니까?
④ 결혼 생활의 큰 장애 중 하나는 이기심이라고 생각합니다. 여러분은 결혼 생활의 큰 장애가 무엇이라고 생각합니까?

(2) 육체적 일치

사람들이 흔히 성공한 결혼 생활을 논할 때 기준이 되는 것 중 하나는 부부의 성생활입니다. 육체적 만족이 부부 생활의 전체인 것처럼 잘못된 인식을 가진 사람들도 흔합니다. 그러나 결혼 생활이란 부부가 정신적으로, 육체적으로 완전히 결합해야 하는 것입니다. 만일 부부 사이에 진실한 사랑이 뿌리를 내리지 못하고 서로 협력하고 격려하지 않는다면 행복한 부부라고 말할 수 없을 것입니다. 사랑의 대화를 할 시간이 너무 부족해 서로 간에 오해가 쌓여 있는 상황이라면 어떻게 원만한 성생활이 가능하겠습니까? 성욕이 부부간의 사랑을 증진시킬 수는 있지만, 성욕 자체가 참사랑을 이루어 줄 수 있는 것은 아닙니다. 서로 이해하고 협조하는 분위기를 조성하는 건전한 인격적 성생활이라야 행복한 결혼 생활이 보장될 것입니다. 부부 중 한편이 상대방의 인격을 충분히 존중하지 않으면서

성적 쾌락만 추구하려는 이기적인 행위를 한다면 원만한 부부 생활은 심각하게 훼손될 것입니다.

부모에게 합당한 성교육을 받지 못했기 때문에 결혼 전이나 결혼 후에 문제가 생기는 사람도 있습니다. 자녀가 부모에게 성교육을 받을 때 자기 부모를 존경하고 신뢰하는 마음을 갖는 것이 중요합니다. 그러므로 미래를 대비하는 현명한 부모는 일찍부터 자녀의 성교육에 관해서도 깊은 관심을 기울입니다. 부모가 자녀에게 행복한 결혼 생활에 대해 알려 주기 전에 먼저 부모가 자녀들과 화목한 인간관계를 맺는 것이 중요합니다.

경우에 따라서 부부가 서로 임신을 피하는 것이 좋겠다고 생각할 때가 있을 것입니다. 임신을 원하지 않는 배우자는 조심스럽게 왜, 무엇 때문에 피하려고 하는지 상대방에게 이야기해야 합니다. 그 이유가 만일 의학적인 이유이거나 피치 못할 경제적인 이유 때문이라면 부득이할 경우에는 용인될 수 있습니다. 다만 윤리적으로 합당한 주기법과 같은 올바른 피임법을 써야 합니다. 그러나 이기적인 이유 때문에 피임을 한다면, 반드시 위험한 결과를 초래하게 될 것입니다.

다음과 같은 문제에 대해 부부가 함께 대화해 봅시다.

① 당신은 결혼 생활에서 야기되는 모든 문제가 성생활에 달려 있다고 생각합니까?
② 당신은 성적인 사랑과 부부애가 동일하다고 생각합니까?
③ 윤리적으로 합당한 피임 방법이 무엇인지 알고 있습니까?
④ 낙태를 윤리적 죄악이라고 말하는 이유를 알고 있습니까?

(3) 사회적 일치

가정은 사회의 축소판이라고 합니다. 건전한 사회는 건전한 가정들에 의해 성립되기 때문입니다. 역사적 관점에서 볼 때도 사회 구성원인 각 가정들이 행복할 때 나라가 번영했습니다. 그 반면에 국민 대다수의 가정이 불행할 때 그 사회는 질서가 문란해지고 평화가 깨졌습니다.

개인이 모여서 형성된 국가는 국민 개개인의 가정 생활을 보호하고 그 권리를 보장하는 책임을 지고 있습니다. 국민 각 가정의 권익 보호에 필요한 제도를 헌법과 법률로써 뒷받침해 줘야 합니다.

부부는 사회 공동선에 기여해야 하는 책임이 있습니다. 그 반면에 자기 가정의 독립과 사생활을 충분히 보호받을 권리도 있습니다. 가정은 자급자족하는 하나의 완전한 기본 단위입니다. 남녀가 부모를 떠나 새로 가정을 이룰 때 친척들에게도 지나친 간섭을 받지 말아야 합니다. 어떤 남자는 자신의 결혼 생활에 관해 "아내와 결혼한 것이 아니라 아내의 친척들과 그들의 복잡한 문제와 결혼한 것 같다."라고 푸념한 사례도 있습니다. 마찬가지로 아내도 시댁 친척들로부터 비합리적으로 지나친 간섭을 받는다면 힘들어할 것입니다. 그러한 환경은 바뀔 필요가 있습니다.

부모는 자녀를 사랑하고 올바른 인격자로 성장하도록 양육할 의무와 책임이 있습니다. 그리고 자녀가 장성해 결혼하면 독립시켜 줘야 합니다. 분가한 자녀도 낳아서 길러 주신 부모님의 은혜를 잠시도 잊지 말고 성심성의껏 효도해야 할 것입니다.

노령이 된 부모는 분가한 자녀들에게 짐이 되지 않도록 대비해야 합니다. 부부간의 사랑은 원초적이고 근본적인 사랑이며, 이 사랑은 자녀들의 효도보다 더 우선하는 것입니다.

"자식이 효자라도 나쁜 아내만 못하다."라는 속담이 있습니다. 부모에 대한 자녀들의 사랑은 변하는 것이 자연스럽지만, 부부간의 사랑은 죽을 때까지 변함없이 계속되는 것입니다.

결혼 생활을 하는 동안에 가족의 병고나 천재지변이 일어날 때도 있습니다. 전혀 예상하지 못한 인생의 어려운 문제에 부딪히는 경우도 있습니다. 그때마다 진정으로 사랑하는 부부는 서로 이마를 맞대고 당면한 문제를 협력해 해결해야 합니다. 어려운 문제를 극복할 때마다 부부간의 사랑이 더욱 두터워지고, 서로 신뢰하고 존경하게 될 것입니다.

배우자가 어떤 문제를 숨긴다면 신뢰가 깨지게 됩니다. 현명하고 솔직하게 배우자의 협조를 구하고, 부부가 함께 어려운 문제를 해결하면 상호간에 신뢰가 두터워질 것입니다. 예를 들면 친정 부모님을 돌봐야 되는 경우에 부부간에 의사소통이 원만하지 않으면 불필요한 오해 때문에 어려움을 겪게 될 것입니다.

부부간에 가장 중요한 것은 신의를 지키는 것입니다. 일편단심으로 믿고 있는 배우자가 다른 사람과 만나고 있다면, 그것은 하늘이 무너지는 비극일 것입니다. 이러한 문제는 부부 사이에 타협할 수 있는 성질의 것이 아니며, 마치 암과 같아서 빨리 손을 써서 수술을 하지 않으면 회복할 수 없는 지경에 이르게 됩니다. 배우자의 배신이라는 비통한 결과를 일으키게 된 원인이 서로에게 있을 수도 있습니다. 예컨대 부부간에 애정이 없어진 상태에서 한 번의 실수로 일으킨 문제라면, 잘못한 배우자를 지나치게 비난하기 전에 먼저 문제의 근원을 파악해서 해결점을 찾도록 노력해야 할 것입니다.

다음과 같은 문제에 대해 부부가 함께 대화해 봅시다.

① 가정이 사회의 기본적인 구성 요소라고 생각합니까?

② 국가는 가정의 권익을 왜 보호해야 한다고 생각합니까?

③ 부부간의 사랑은 죽음이 갈라놓을 때까지 존속되어야 한다고 생각합니다. 그러기 위해서는 어떠한 노력을 해야 한다고 생각합니까?

④ 부부가 서로 신의를 철저하게 지키려면 평소에 서로 신뢰하고 협력해야 합니다. 당신은 평소에 신의를 지키기 위해서 노력합니까?

(4) 경제적 일치

"가까운 사이일수록 돈거래를 하지 말라."라는 말이 있습니다. 결혼 생활에서도 부부가 서로 조심스럽게 다뤄야 할 문제가 돈입니다. 부부가 경제적으로 화목하기 위해서는 먼저 서로에 대한 깊은 사랑으로 성숙한 생활을 해야 합니다. 부부는 서로 충분히 대화하고 협력해 가정의 경제 문제를 다뤄야 하고, 서로를 전폭적으로 신뢰해야 합니다. 수입과 지출에 대해 예산을 편성하고 지출을 결산하는 일을 부부가 함께한다면 아무 문제도 일어나지 않을 것입니다. 수입에 비해 지출이 과다하면 부부간에 불화가 나게 마련입니다. 수입을 감추거나 지출이 낭비되면 부부 싸움이 벌어지기도 합니다.

가정이 가난하더라도 부부가 진정으로 사랑하고 협력하며 희생한다면, 그 가정은 화목합니다. 그 반면에 가정이 가난에 허덕이고 있는데도 그 책임을 상대 배우자에게 돌리고 가난을 극복할 대책을 소홀히 한다면, 그 가정은 엉망이 될 것입니다.

통계에 의하면 이상하게도 빈곤층이나 중산층의 가정보다 부유층의 가정에서 경제 문제가 더 복잡하다고 합니다. 이런 현상은 사람이 사람 자체보다도 물질적인 부귀영화에 더 집착하려는 성향을 갖고 있기 때문이라고 합니다.

부유층의 가정은 빈곤층의 사람들을 도와줘야 할 의무가 있다는 것을 결코 잊지 말아야 합니다. 여유가 있는 부유층이 경제적으로 어려운 사람들을 도와주는 선행을 한다면, 보람을 느끼고 행복해질 것입니다. 그 결과로 가정은 축복을 받고, 자녀들에게도 형제애와 박애 정신을 심어 주는 교육이 될 것입니다.

최근에는 경제 활동이나 기업 경영에 몰두하는 반면에 가정 생활에 대해서는 큰 관심을 두지 않는 경향이 점점 심해지고 있습니다.

그런 사람은 가족, 즉 배우자와 자녀들이 자기 인생에서 차지하는 위치가 어디인지를 심각하게 반성해야 할 것입니다. 흔히 사회 활동에 몰두하는 사람은 자녀의 인성 교육에 대해서 소홀한 경향이 있습니다. 그러나 자녀의 인격 형성이 잘못되었다면, 그 부모의 인생이 성공했다고 평가될 수 없을 것입니다. 아무리 바빠도 배우자와 자녀와의 대화 시간을 반드시 만들어야 합니다.

돈은 인간을 위해 있는 것이지 사람이 돈을 위해서 있는 것은 결코 아닙니다. 인간이 살아가기 위해 돈도 물질도 필요한 것은 사실이지만, 돈이 많아야 행복하다고 생각하는 것은 착각입니다. 이 세상의 물질이나 재산, 명예나 사회적 지위 등의 가치보다 가정의 가치가 더 소중합니다.

다음과 같은 문제에 대해 부부가 함께 대화해 봅시다.
① 부부의 맞벌이에 대해서 어떻게 생각합니까?
② 가정의 수입과 지출에서 예산과 결산을 부부가 공동으로 작성하고 평가하는 것에 대해서 어떻게 생각합니까?
③ 부유층이나 생활의 여유가 있는 가정이 빈곤한 가정을 도와줘야 한다는 것에 대해서 어떻게 생각합니까?
④ 사회 활동이 가정생활보다 더 중요시되는 것을 어떻게 생각합니까?

(5) 교육적 일치

자녀 교육은 부모의 기본적인 권리이자 의무입니다. 즉, 자녀 교육은 아무에게도 양도할 수 없고, 아무도 대신해 줄 수 없는 지극히 중대한 부부의 임무입니다. 자녀의 지적 교육뿐만 아니라 윤리와 인성 교육까지 포함한 자녀의 전인 교육은 부모의 절대적 소임입니다. 아기를 낳아 젖을 먹이는 엄마가 인생의 첫 스승이며, 아기의 인성 교육은 부모에게 달려 있습니다.

요즘 아버지들은 돈 버는 데 바빠서 아이들과 대화할 시간이 없다고 합니다. 그런데 아이들의 인성 교육의 첫 번째요, 가장 중요한 스승은 아버지입니다. 아버지의 사업이나 욕심보다 더 중요한 것이 자녀의 인성 교육임을 모르는 사람이 어디 있습니까? 그런데 실제로는 자녀의 인성 교육을 대수롭지 않게 여기고, 아이의 인성을 학교 교육의 탓으로만 돌리는 미련한 부모가 많습니다. "세 살 버릇 여든까지 간다."라는 속담도 가정 교육의 중요성을 강조하는 말입니다.

가정 교육은 부모의 모범적인 생활만으로도 수행할 수 있습니다. 자녀는 자라면서 부모의 말보다는 부모의 삶을 배워 닮습니다. 부모는 자녀의 마음에 상처를 입히지 않으면서 좋은 표양으로 양육해야 합니다. 자녀는 부모의 말과 행동을 본받으며 자라기 때문에, 자녀는 부모를 꼭 닮기 마련입니다. 라틴어 격언에 "그 아버지에 그 아들, 그 엄마에 그 딸"이라는 말이 있습니다. 다만 "자식을 사랑하는 부모는 매를 아끼지 않는다. 그래야 자식이 자랑거리가 된다."라는 격언이 있음을 잊지 않고 맹목적인 애정을 조심해야 합니다.

부모가 화목하지 못하고 다투는 집에서 자란 아이들은 부모의 불화가 자신들의 탓인 줄로 여기기 때문에 매우 불안한 정서를 갖게 됩니다. 부모의 기대에 못 미친다고 부모에게 계속 꾸중을 듣는 아이는 자기 때문에 부모가 말다툼을 한다고 여기기도 합니다. 그러한 아이는 우울증이나 자폐증을 갖게 될 위험이 있다고 합니다. 또한 자기도 모르는 사이에 죄책감에 억눌려 상황을 자기중심적으로 받아들인다고 합니다.

부부가 이혼하면 그 당사자들보다 그들의 자녀들이 더욱 불행해집니다. 부모가 살아 있는데도 버려진 아이들은 얼마나 불행합니까? 이혼하는 부부는 어떤 가치에 중심을 두고 이혼을 감행하는 것일까요.

가정 공동체가 행복한 보금자리가 되려면 서로 노력해야 합니다. 부부생활은 수영하는 것과 같다고 합니다. 물속에 들어가면 숨 쉬는 것부터 새로 배워야 합니다. 이처럼 부부가 함께 호흡을 맞추고 사는 기술을 배우도록 노력해야 하기 때문입니다. 이처럼 노력하지 않고 행복하기를 바란다는 것은 옳지 않습니다. 다른 면에서 다 성공했더라도 가정이 불행하면 그 인생은 실패한 것입니다.

　진정한 행복의 기초는 가정의 행복입니다. 가정이 불행하면 사회생활도 엉클어집니다. 인생의 성공 여부는 자녀를 어떻게 양육했는가에 달려 있습니다. 이것을 농사에 비유해서 자식 농사라고 말합니다. 1년 농사를 잘못 지으면 1년 동안 고생합니다. 그러나 자식 농사를 잘못 지으면 부모와 자녀 모두의 인생을 망칩니다. 자녀를 효자로 키운 부모는 성공한 인생을 사는 사람입니다. 많은 사람에게 선행을 베푸는 자녀는 부모에게 영광을 드리는 사람입니다. 비록 재산이 없고 학식이 적어도 세상을 올바르게 살면서, 자녀를 효자로 키운 사람은 행복한 사람이고 성공한 사람입니다. 그 반면에 사회적으로 아무리 성공한 것으로 보이더라도 자녀를 불효자로 키운 사람은 실패한 인생이라고 말할 수 있습니다.

　다음과 같은 문제에 대해 부부가 함께 대화해 봅시다.

① 자녀들의 교육이 어머니만의 책임이라고 생각합니까?

② 자녀들 앞에서 부부 싸움을 한다면 자녀들은 어떻게 되겠습니까?

③ 최근에는 부모를 존경하는 청소년들이 드뭅니다. 그 원인이 무엇이라고 생각합니까?

④ 부모가 자녀에게 인격 존중, 책임감, 자제심, 협동심, 사랑과 자비심 등을 가르치는 방법에는 무엇이 있습니까?

(6) 영신적 일치

　결혼은 작은 쪽배에 남녀가 함께 타고 망망대해로 나서는 것과 같다는 말이 있습니다. 남녀가 노를 잘못 젓거나 두 사람 중 한 사람이라도 잘못 움직이면 배는 흔들려 자칫하면 가라앉기 십상입니다. 또 사랑은 빛이 충만한 수정 구슬이라고도 말합니다. 수정 구슬의 아름다운 빛은 영롱한 여러 색깔로 변합니다.

결혼을 하기는 쉽지만, 서로 사랑하며 함께 잘 살아간다는 것은 평생 동안 지속되는 예술 작품입니다. 부부는 기쁨으로 충만한 화합을 이루기 위해 노력해야 합니다. 행복하고 조화로운 부부의 사랑을 이루기 위해 실천해야 할 구체적인 비결을 몇 가지 생각해 봅시다.

첫째, 부부 양쪽이 부부의 화합을 의무라고 생각해야 합니다. 부부는 사랑에서도 자기 행운을 만드는 장인입니다. 부부가 함께 산다는 것을 가장 중요한 문제로 여기고, 부부의 일치와 대화를 무엇과도 대체할 수 없는 소중한 것으로 생각해야 합니다. 결혼은 인생에 주어진 어떤 사건이 아니라 삶 자체이기 때문입니다.

둘째, 부부의 화합은 아름다운 작품이자, 결혼 첫날부터 시작되는 의무입니다. 결혼은 두 사람의 새로운 탄생입니다. 무릇 생명이 죽음에 이르기까지 육체를 보살피는 것처럼 결혼은 잘 가꾸고 보살피며 다듬고 꾸며야 하는 작업의 시작입니다.

셋째, 부부 화합 방법은 훈련으로 완성됩니다. 한 사람의 정신적·육체적 훈련은 그 사람의 발전과 실제적인 능력을 결정합니다.

넷째, 부부에게는 크나큰 겸손이 필요합니다. 남편은 자기가 세상에서 제일 잘난 사람이라고 우기지 말고, 아내도 남편보다 우월한 여성이라는 표시를 결코 하지 말아야 합니다.

다섯째, 모든 화합의 시발점은 상호 존중입니다.

여섯째, 부부는 서로를 이해하는 지혜가 필요합니다. 이해한다는 것은 각자의 한계성을 현실적으로 정확하게 아는 능력이 있다는 뜻입니다.

일곱째, 결혼은 인내의 성소입니다. 있을 수 있는 배우자의 크고 작은 실수에 모든 신경을 곤두세울 필요가 없습니다. 당장은 괴롭겠지만 그 상황에 따라 적응할 수 있는 융통성과 가능성을 찾도록 노력해야 합니다. 결혼 전에는 두 눈을 뜨고 상대방을 살펴야 하지만, 결혼 후에는 한 눈을 감고 살아야 합니다.

여덟째, 부부 사이에 깊은 화합을 위해 필요한 기술은 대화입니다.

아홉째, 부부의 일치를 위해 더욱 효과적인 방법은, 의견을 교환하고자 하는 선의의 뜻을 갖고, 자신의 잘못된 점은 분명히 인정하는 일입니다. 자신의 잘못을 인정하는 것은 지혜의 시초입니다. 잘못을 저지르는 것은 인간적이지만 잘못을 고집하는 것은 악마적이라는 말도 있습니다.

열째, 부부가 마음의 일치를 이루게 하는 것은 무엇보다도 사랑입니다. 진정한 사랑은 사랑 이외의 그 무엇과도 바꿀 수 없습니다. 사랑의 불꽃은 그것을 북돋을 때에만 지킬 수 있고, 그것이 타오를 때에만 볼 수 있습니다. 사랑에 수난이 없다면 열정은 식고, 기쁨은 사라지며, 생명은 죽게 됩니다. 이기적인 사랑은 동물 수준의 사랑입니다. 상대방의 선익과 행복을 위해 자기를 희생하는 사랑은 인간 이상의 천상적 사랑입니다.

부부간의 사랑은 육체의 일치뿐 아니라 한마음, 한 영혼을 이루는 깊은 인격적 일치를 도모하는 것입니다. 부부간에는 서로 독점적으로 마음과 몸을 주고받는 신의가 요구되기에 평생 갈라질 수 없습니다(이혼 불가).

부부는 몸과 마음의 일치뿐 아니라 정신과 영신의 일치까지도 이뤄야 합니다. 그런데 영신의 일치는 신앙이 같아야 이룰 수 있습니다. 혼인성사를 받은 가톨릭 남녀 신자는 하느님께 축복을 받아 평생 어떠한 난관이라도 극복하고, 행복한 결혼 생활로 해로(偕老)할 수 있을 것입니다.

다음과 같은 문제에 대해 부부가 함께 대화해 봅시다.

① 결혼의 성공이나 실패가 누구에게 달려 있다고 생각합니까?
② 부부는 누구보다도 먼저 서로를 사랑해야 할 이유가 있다고 생각합니까?
③ 부부가 직면하게 되는 어려움에는 어떤 것이 있다고 생각합니까?
④ 축복받는 결혼 생활을 위해서 혼인성사를 받으시겠습니까?

4) 부부의 대화

변덕스러운 자기 마음도 종잡을 수 없다고 푸념하는 것이 인간입니다. 하물며 남의 겉모습만 볼 수 있고, 속마음은 볼 수 없는 인간이 어찌 남을 섣불리 판단할 수 있겠습니까. 오직 사람의 속마음까지 정확히 아시는 하느님만이 정의의 심판을 내리실 수 있습니다. 사람들이 마음을 열고 대화해야 비로소 서로를 이해할 수 있게 됩니다.

가족 간의 원활한 의사소통은 가정의 화목과 발전을 위해 가장 중요한 기초가 됩니다. 부부가 한마음, 한 몸을 이루려면 서로 마음을 여는 대화가 필요합니다.

성별이 다른 남녀는 근본적으로 감성도 다르고, 뇌의 구조도 다릅니다. 태어난 가정 환경도 다르고, 교육을 받은 상황도 다릅니다. 모든 면에 있어서 다른 남녀가 한집에서 함께 살게 되는 것이 결혼입니다. 결혼하면 새로운 인생이 시작되는 것입니다. 따라서 부부가 가정의 행복을 공동으로 달성하기 위해서는 솔직한 대화가 꼭 필요합니다. 그러나 대화를 나누며 서로가 자기 의견만을 고집하면 함께 살기가 힘들어집니다. 오히려 서로 자기 주장을 뒤로 미루고 상대방의 주장에 따라 살겠다는 각오와 태도를 갖고 실천하면 그 가정은 원만해질 것입니다. 서로가 배우자를 진정으로 사랑한다면 사랑의 대화가 불가능하지 않을 것입니다. 그렇게 하면 내내 행복하게 해로할 것입니다.

(1) 부부 화합의 비결

① 메아리의 비유

부부의 대화는 메아리와 같습니다. 한쪽이 사랑한다고 말하면 상대방도 사랑한다고 응답합니다. 한편이 격한 말을 하면 상대방도 격한 말로 응답합니다. 이에 비유해, "가는 말이 고와야 오는 말도 곱다."라는 속담도 있습니다.

② 바다에 사는 고래의 비유

부부는 고래처럼 바다에 사는 포유동물입니다. 부부는 숨 쉬는 방법부터 말하는 방법까지 새로 함께 배워야 합니다. 사랑의 이치를 완전히 깨닫고 결혼하는 것이 아니라 결혼 생활을 통해서 사랑의 일치를 완성해 가는 것입니다.

③ 사막 횡단의 비유

자동차로 사막을 횡단할 때는 타이어의 바람을 조금 빼야 모래밭에 빠지지 않습니다. 살아가면서 앞이 캄캄할 정도로 사막 폭풍이 불 때, 부부가 서로 자존심과 고집의 헛바람을 빼야 위기를 극복할 수 있게 됩니다.

④ 실과 바늘의 비유

바늘이 너무 빨리 가면 실이 끊어지고, 바늘이 너무 느리면 실이 엉킵니다. 그렇다고 바늘 대신 실을 당기면 실이 바늘귀에서 빠져 버려 분리됩니다. 바늘과 실은 역할을 바꿀 수도 없습니다. 부부가 함께 갈 때 비로소 아름다운 옷이 만들어집니다.

⑤ 고객의 비유

부부는 물건을 사고파는 손님과 상인의 관계입니다. 상인은 고객의 눈치를 살펴 마음에 들도록 최선의 서비스를 해야 합니다.

⑥ 김치의 비유

김치가 감칠맛을 내려면 배추가 다섯 번 죽어야 합니다. 밭에서 뽑혀 죽고, 칼로 두 쪽으로 쪼개져 죽고, 소금에 절여져 죽고, 고추와 젓갈로 버무려져 죽고, 입 안에서 씹혀 죽어야 맛있는 김치로 태어납니다.

⑦ 성가정의 진정한 비법

평생 동안 상대 배우자의 행복을 위해 언제든지 자기를 땅에 내려놓으면 사랑이 넘치는 성가정을 이룰 수 있습니다.

(2) 신혼부부의 대화

최근 한 조사에 따르면 부부 세 쌍 중 한 쌍은 하루에 30분도 대화하지 않는다고 합니다. 직장 일이 바빠서 집에 있는 시간이 적기 때문에 그렇다는 것입니다. 그러나 부부간에 대화할 마음만 있다면 짬을 낼 방법은 얼마든지 있을 것입니다. 어떤 부부는 반년 동안 부부간에 정다운 대화도 나누지 않은 상태에서 아들을 낳았다고 자랑하는 경우도 있었습니다.

남자와 여자는 대화하는 목적이 확연히 다르다고 합니다. 남성은 정보 전달을 위해서나 자기 주장을 펼치기 위해 대화하지만, 여성은 신뢰를 확인하기 위해서나 또는 자기 자랑을 하기 위해 대화한다고 합니다.

(3) 중년 부부의 대화

정년퇴직 후에 할 일이 없어진 남편이 집에서 한가하게 지내게 되면, 부부간의 대화보다는 말싸움이 늘어나는 사례가 많다고 합니다. 평소에 대화로 마음을 나누어 본 적이 적었기에, 대화하는 요령과 기술이 부족한 것입니다.

은퇴한 부부가 모처럼 용기를 내어 대화를 시도할 때에도 낭패를 보는 경우가 흔하다고 합니다. 자기 주장을 상대방에게 납득시킬 만큼 깔끔하고 논리적으로 의사 전달을 할 줄 몰라서 대화가 중단되기도 합니다. 또는 상대방의 말을 경청하지 않거나 건성으로 듣는 시늉만 해서 이를 눈치 챈 상대방이 화를 내기도 합니다. 처음부터 상대방을 무시해 그의 말을 이해하지도 못하거나, 그의 주장을 수용하지도 못합니다. 대화 중에 자기 주장만 하고, 상대방의 말을 아무 때나 잘라 버리는 경우도 있습니다. 대화할 때마다 주장이 엇갈리게 되면 결국에는 배신감마저 느끼게 되어 언성이 높아지고 마음만 상하게 됩니다.

부부간에 진정한 의사소통이 이루어짐으로써 서로 이해하고 협조하며 신뢰를 회복해야 화목한 가정이 됩니다. 그러나 이 근래에는 중장년층의 이혼 또는 황혼 이혼이라는 말이 생각보다 자주 보도되고, 자주 들려옵니다. 아무리 부부생활을 오랫동안 지속했어도 부부간의 의사소통은 어렵다는 것을 반증하는 것 같습니다.

(4) 대화의 요령

부부는 대화로써 상대방의 진심을 알게 되면 그 의견에 대한 찬성이나 반대를 분명하게 표현해야 합니다. 한집에 사는 부부는 서로 의심을 품고 살 수는 없기에, 의사 표시가 확실해야 합니다. 만일 상대방의 의견에 반대한다면 상대방이 납득할 수 있도록 반대 이유를 똑똑히 설명할 필요가 있습니다. 부부 사이에 오해가 남아 있으면 서로 외면하게 되므로, 신뢰를 회복할 때까지 열린 마음으로 대화를 계속해야 한집에 살 수 있습니다. 부부는 서로 충분히 이해하고, 성심껏 협조할 때 진정한 사랑을 하게 될 것입니다. 부부는 가정에서 동등한 권리와 의무를 지니고 가정 공동체의 선익을 성취해야 합니다.

가족 간에 가장 요긴한 말마디가 있습니다. 몸을 맞대고 사는 가족이라도 기본적인 예의는 갖춰야 된다는 말입니다. 우리나라 풍속으로는 가족

간에 "감사합니다.", "죄송합니다."라는 표현이 어색하게 들릴 수 있습니다. 그러나 서양 사람들은 식사할 때나 대화할 때 등 사소한 경우에도 공손하게 "감사합니다.", "죄송합니다.", "해도 됩니까, 부탁합니다."라는 말을 수도 없이 반복합니다. 감사하다거나 죄송하다는 말을 들을 때에는 그 화답으로 "괜찮습니다."라고 꼭 대답합니다. 우리나라 가정에서도 이러한 공손한 말마디가 상용되면 가정 분위기가 더 부드러워질 것입니다. 또한 세 마디는 혼인성사를 받을 때 하느님 앞에서 부부가 되기로 한 남녀가 서로에게 한 맹세를 실천하는 것입니다.

가족을 행복하게 해 주는 것이 자신에게도 행복이 됩니다. 행복은 혼자서 누릴 수 없으며 행복을 나누는 것이 진정한 행복입니다. 한마디로 말하면 서로 상대방의 의견을 존중해 주면서 산다면 그 가정은 행복해질 것입니다. 서로 상대방을 행복하게 해 주면서 살면 그것이 바로 행복입니다. 그와 반대로 부부가 각자 이기주의로 살면 그 가정은 파괴됩니다.

5) 생명의 전달자

(1) 엄마와 아기의 관계
① 행복한 인생의 시작
가족들과 친지들의 축복 속에 결혼한 신혼부부는 행복합니다.
행복한 신혼부부를 둔 부모들도 행복합니다.
신혼부부가 사랑의 행위로 임신한 태아는 행복합니다.
부모의 극진한 태교를 받으면서 자라는 태아는 행복합니다.

육체적 고통 중 가장 괴롭다는 출산의 진통 중에 아기 아빠의 격려와 보살핌을 받는 아기 엄마는 행복합니다.

신생아의 탯줄을 자르고 신생아를 안아 보는 아빠는 행복합니다.

엄마의 가슴에서 솟아나는 생명수를 빨아 먹는 아기는 행복합니다.

아기를 품에 안고 젖을 먹이는 엄마는 행복합니다.

첫 손주를 보아 처음으로 할아버지·할머니의 칭호를 듣게 된 사람은 행복합니다.

태어난 아기가 건강하게 자라는 모습을 보는 할아버지와 할머니는 행복합니다.

② 유아 교육

부부 사랑의 열매는 자녀입니다. 그래서 자녀 출산은 큰 축복입니다. 부모는 갓난아기 때부터 모든 자녀들을 하느님의 자녀로 봐야 하고 인격을 갖춘 인간으로 존중해야 합니다. 부모는 자녀의 첫째가는 가장 중요한 교육자입니다.

엄마 품에 안겨서 젖을 먹는 아기는 행복합니다. 젖을 먹이는 엄마도 행복합니다. 갓난아기는 엄마 젖을 먹으면서 말을 배웁니다. 엄마는 아기에게 자기의 하얀 피를 양식으로 먹이면서 아기의 생존에 필수적인 의사소통의 도구인 말을 가르치기 시작합니다.

아기에게 말을 가르치는 첫 번째 선생님이자, 가장 중요한 선생님이 엄마입니다. 아무것도 기록되지 않은 아기의 뇌리에 엄마의 음성부터 각인되는 것입니다. 장차 아기가 인격체로서 존중받고 살 수 있도록 엄마는 아기에게 품위 있는 말부터 가르쳐 줘야 합니다. 아기가 저속한 말부터 배운다면 장차 사회에서 멸시를 받을 수도 있습니다.

젖을 먹이는 엄마가 갓난아기에게 고운 말, 착한 말, 아름다운 말, 사랑이 넘치는 말, 귀여움을 표현한 말을 계속 들려주면 아기의 뇌리에 그 말들이 새겨지면서 아기는 건강하게 자랍니다. 아기에게는 따뜻한 엄마 품에 안겨서 젖을 먹는 그 시간이 가장 행복한 시간입니다. 부득이한 이유로 아기에게 모유 대신에 분유를 먹이는 엄마는, 아기가 따뜻한 엄마 품에 안겨서 행복을 느끼며 분유를 먹을 수 있도록 최대한 노력해야 합니다. 엄마의 품에 안겨서 모성애를 느끼면서 자란 아기는 엄마에게 효도하는 아이가 될 것입니다.

③ **엄마와 인성 교육**

유아는 두 살에서 세 살이 될 때까지 뇌가 발달하고, 세 살쯤 되면 아기의 품성이 결정된다고 합니다. 또한 가정 분위기가 나쁜 상황에서 부모의 잦은 폭언을 듣고 자란 아이는 폭력적인 성격으로 자란다고 합니다. 그 반면에 온화한 가정 분위기에서 부모와 형제들로부터 애정 넘치는 말과 품위 있는 말을 듣고 자란 아이는 훌륭한 인격자로 성장할 수 있는 기초가 다져진다고 합니다. 말이나 욕은 들음으로써 배우는 것이 아니라 자기 입으로 발음함으로써 배웁니다. 외국어도 듣기만 해서는 배울 수 없고 자기 입으로 발음하면서 배우는 것입니다. 집 밖에서 험한 말이나 욕을 들었더라도 집에 와서 그 말을 하지 않으면 결코 배울 수 없습니다. 따라서 욕을 할 줄 모르는 어른은 욕을 한마디도 하지 않은 가정에서 자라난 사람임을 입증하는 것입니다. 이를 통해 보면 "세 살 버릇이 여든까지 간다."라는 속담이 조금도 과장이 아닌 진실임을 알 수 있습니다.

아기가 아직 말의 뜻도 모르겠지만, 젖을 먹는 동안에 들은 엄마의 자장가도 아기의 뇌리에 녹음이 됩니다. 엄마의 부드러운 음성이 죽을 때까지 기록되는 것입니다. 따라서 아기에게 결코 격한 말이나 험한 말을 들려주는 일이 없어야 합니다. 아기는 말을 배우기 전부터 엄마의 음성을 정확히 알아듣기 때문에 아기가 알아듣지 못한다고 속단하지 말아야 합니다. 그 아기는 엄마의 말을 그대로 흉내 내면서 말을 배우게 됩니다.

고상하고 품위 있는 말을 가르쳐 주는 엄마는 복됩니다. 자녀의 인격 형성도 부모를 통해 이루어집니다. 젖을 먹이는 어머니가 자녀의 두뇌 발달에 더 결정적인 역할을 합니다.

(2) 부모와 자녀의 관계

부모와 자녀는 사람 마음대로 정해진 관계가 아니라 하느님이 정해 주신 것입니다. 자녀의 DNA에는 자연법에 따라 그 부모가 누구인지 정확하게 각인되어 있습니다. 자녀의 DNA는 어느 누구도 선택하거나 바꿀 수 없습니다. 왕족이거나 서민이거나 간혹 부자지간에 서로 원수가 되어 "너는 이제부터 내 자식이 아니다.", "저는 이제부터 당신의 아들이 아닙니다." 하고 결별을 하는 수도 있습니다. 그런 경우라도 결코 부자의 관계가 끊어지는 것이 아닙니다. 자녀의 영광이 부모의 영광이 되고, 부모의 영광이 자녀의 영광도 됩니다. 그 반대로 불명예나 치욕의 경우에도 마찬가지입니다. 부모와 자녀는 결코 살아서나 죽어서나 떨어질 수 없습니다.

따라서 부자 관계도 부모의 입장에서 본 의무와 권리가 자녀의 입장에서 보면 권리와 의무가 됩니다.

① 이혼한 부모의 자녀들

부부가 이혼하면 법적으로는 부부의 관계가 끊어집니다. 이혼한 부모와 자녀 간의 관계도 법적으로는 끊어지지만, 자연법에 따른 DNA는 변하지 않습니다.

자녀는 부모로부터 생명을 받았으니 부모에게 효도해야 합니다. 부모는 자녀를 낳았으니 양육을 책임지고 사랑으로 키우면서, 그 자녀가 건강하게 자라고 올바른 교육을 받게 할 의무가 있습니다. 이혼한 부부라도 그들이 낳은 자녀들에 대한 자연법상의 의무는 결코 없어지지 않습니다.

② 효도

효도는 가정생활 전체를 화목하게 하고 형제간의 우애도 북돋아 줍니다. 자녀는 부모를 늘 공경하고 사랑해야 합니다. 또한 부모가 바라는 바를 먼저 알아서 만족시켜 드리고, 기꺼이 부모의 의견을 청하여 부모의 정당한 훈계를 받아들여야 합니다. 분가한 자녀는 부모에 대한 순종의 의무에서는 조금 벗어나지만 죽을 때까지 변함없이 부모를 존경해야 합니다.

"부모가 자녀에게 효도를 받을 자격이 있을 때라야 자녀로부터 효도를 받을 수 있다."라는 말이 있습니다. 부모가 세상을 떠날 때 자기 일생의 흔적을 남기게 되는 유일한 존재가 자녀입니다. 많은 사람들에게 칭찬을 듣는 자녀를 이 세상에 남겨 두고 가는 부모는 성공한 인생을 산 사람

성가정
하르먼스 판 레인 렘브란트(Harmensz van Rijn Rembrandt, 1606~1669년), 1645년,
캔버스에 유채, 에르미타주 미술관, 상트페테르부르크, 러시아.

입니다. 그 반대로 많은 사람들에게 지탄을 받는 악인을 이 세상에 자녀로 남겨 두고 세상을 떠나는 부모는 실패한 인생을 산 사람입니다. 그들은 후손의 악행을 통해서 대대손손 사람들로부터 악담을 듣는 불행을 겪게 됩니다.

(3) 행복한 가정

함께 사는 가족과 옆에 있는 사람을 행복하게 해 주는 것이 진정한 행복입니다. 행복은 혼자서는 누릴 수 없으며, 행복을 나누는 것이 진정한 행복입니다.

행복한 사람, 행복한 가정은 먼 나라 이야기가 아닙니다. 바로 지금, 우리 가운데에 존재합니다. 또한 이를 어렵게 생각하거나 자신은 해당하지 않는다고 단언하기도 하지만, 조금만 살펴보면 행복은 멀리 있거나 어렵게 얻는 것이 아닙니다.

- 행복한 가정이 많을수록 더 행복한 나라입니다.
- 엄마 품에 안겨서 젖을 먹는 아기는 행복합니다. 젖을 먹이는 엄마도 행복합니다.
- 자기가 희망한 목표를 힘들여 달성한 사람은 행복합니다.
- 평생 건강에 해로운 모든 것을 절제하면서 건강하게 사는 사람은 행복합니다.
- 자녀를 효자로 키운 부모는 행복합니다. 자녀가 세상 사람들에게 칭찬받는 모습을 보는 부모는 행복합니다.
- TV나 휴대폰 등 기계의 노예가 되지 않고 가족 간에 대화를 충분히

나누는 가정은 행복합니다.
- 아무리 바쁘고 고단하더라도 미소를 띤 얼굴로 가족들을 대하고, 가족끼리 칭찬과 위로와 격려의 말을 아끼지 않는 가정은 행복합니다.
- 하기 싫은 궂은일이라도 가족을 위해 누군가가 반드시 해야 할 일이라면, 서로 자진해 희생할 줄 아는 가족은 행복합니다.
- 서로 믿고 존중하며 신의를 지키면서 평생 해로하는 부부는 행복합니다.
- 이혼하지 않고 배우자와 자녀를 위해 살며, 서로 사랑하는 부모의 슬하에서 자라나는 아이들은 행복합니다.
- 순경에서나 역경에서나 어떠한 경우에도 부모의 속을 썩이지 않는 자녀를 둔 부모는 행복합니다.
- 하늘이 주황색으로 아름답게 물드는 고즈넉한 석양 무렵에 평생토록 고락(苦樂)을 함께해 온 배우자를 감개무량한 눈빛으로 그윽이 바라보는 사람은 행복합니다.
- 하루하루 힘은 들지만, 성실하고 보람 있게 살아가면서 하느님의 사랑을 느끼고, 편안하게 잠들 수 있는 사람은 행복합니다.
- 남이 부러워할 만큼 크게 성공하거나 대단한 업적을 쌓지는 못했지만, 평범하되 무난한 가정을 꾸려 가며 자녀를 남부럽지 않게 키우는 부모는 행복합니다.
- 양심에 거리낌 없는 일생을 살아왔고, 언제 죽더라도 죽음이 두렵지 않은 사람은 행복합니다.
- 평생 크게 불효한 일이 없고, 남에게 해를 끼친 일이 없는데, 뜻밖에

불치병 선고를 받거나, 불의의 사고로 배우자나 자녀를 잃거나, 사업에 실패해 무일푼이 되었을 때에 절망을 극복하고 재기한 사람은 행복합니다.
- 도저히 이해할 수 없는 시련을 당했을 때 철광석은 용광로로 단련을 받아야 강철이 된다는 것을 깨달은 사람은 행복합니다.
- 어떠한 역경에도 구약 성경에 나오는 욥처럼 하느님을 원망하지 않은 사람은 행복합니다.
- 수십 년 동안 믿었던 사람이 배신하거나, 전혀 엉뚱한 누명을 썼을 때, 예수님이야말로 가장 억울하게 돌아가신 분임을 이해하면서 자신의 처지를 이겨 내는 사람은 행복합니다.
- 전지전능하신 하느님이 최후의 완전한 정의의 심판자이심을 믿고 사는 사람은 행복합니다.

2. 사회생활

1) 공동체

(1) 함께 사는 사람

사람은 고등 동물 중에서도 가장 허약한 신체를 갖고 있습니다. 호랑이나 사자, 곰이나 악어를 만나면 꼼짝없이 잡아먹힙니다. 사람은 맹수에 대항할 수 있는 신체 조건을 갖추지 못했기 때문에 신변 안전을 위해 어쩔 수 없이 집단생활을 할 수밖에 없었습니다. 먹고살기 위해 허약한 동물을 수렵하는 경우에도 혼자보다는 여럿이 합동 작전을 펴야 했습니다. 그래서 사람은 혼자 살지 못하고 본성적으로 집단생활을 했습니다. 그래서 철학자들은 "인간은 사회적 동물이다."라고 말하기도 합니다.

(2) 전통을 계승하는 공동체

사람은 잉태되는 때부터 자기 부모, 형제, 자매들과 함께 삽니다. 가정은 모든 인간이 맞이하는 최초의 본성적 공동체입니다. 각 가정에는 선조로부터 이어지는 가풍이 있습니다. 왕조 시대에는 양반 가정에 집집마다 독특한 가훈이 전해 내려왔습니다. 그 집에서 태어난 사람은 그 가풍에 따라 어떠한 경우에도 인격적 품위를 지켜 왔습니다.

공동체 생활은 인간에게 부수적인 것이 아니라 인간 본성에 따라 꼭 필요한 것입니다. 공동체는 인간 개개인을 초월하는 일치의 원리에 따라 유기적으로 연결된 사람들의 총체입니다. 인간 공동체는 단순한 개인들의 모임이 아니라 그 자체로 각 개인을 초월하는 사회입니다.

사람이 출생하면 언어, 문화, 종교, 고향, 민족, 국가가 정해집니다. 언어는 같은 공동체에 속하는 사람 모두에게 주어진 유산으로서 개개인을 결합시킵니다. 그리고 그 언어적 유산을 각 개인이 계승합니다. 법과 사회적 활동, 문화와 종교의 전통은 공동으로 주어진 유산입니다. 이 유산이 없다면 개인은 살아갈 수 없습니다. 우리에게는 이러한 유산을 보호하고 계승하며 발전시켜야 할 의무가 있습니다. 우리가 사회로부터 모든 유산을 전수받았듯이 우리 또한 사회를 위해 헌신해야 할 의무와 책임을 지고 있습니다.

가시적이며 동시에 정신적 집합체인 사회는 과거를 이어받아 미래를 준비합니다. 사회를 통해서 상속자가 된 인간은 자신의 정체성을 풍요롭게 하는 재능을 받게 됩니다. 인간은 자신이 받은 재능을 활용해 적절한 성과를 거둬야 하며, 마땅히 자신이 속한 공동체에 기여해야 합니다.

(3) 다양한 공동체

인간은 본성에 적합하게 발전하기 위해서 사회생활이 필요합니다. 부부의 결합과 함께 자녀가 출생함으로써 가정이 형성되고, 그 가정은 생활의 터전이 되는 기본 공동체가 됩니다. 수도자가 수도 생활을 효과적으로 수행하려면 수도 공동체에 입회해 공동체 생활을 해야 합니다. 군인들은 국가를 효과적으로 수호하는 임무를 수행하기 위해 병영에서 합숙 생활을 합니다. 학생들이 함께 모여 살면서 공부하는 곳이 기숙사입니다. 남극에 있는 세종과학기지의 연구원들처럼 특정 연구를 위해 합숙하면서 연구에 몰두하는 사람들도 있습니다. 또 국가 대표로 선발된 운동선수들이 합숙하면서 훈련을 받는 곳을 선수촌이라고 합니다. 환자들이 함께 합숙하면서 치료를 받는 곳이 병원이며, 죄인들이 죗값을 치르고 개과천선해 새 출발을 할 수 있도록 합숙 생활을 하는 곳이 교도소입니다.

또 산업 사회에 사는 현대인은 생활비를 벌기 위해 직업을 선택함으로써 직장 공동체에 속하게 됩니다. 그리고 삶의 안전을 보장하기 위해 국가 공동체에도 속해 삽니다. 독립된 국가를 가지지 못한 쿠르드 족은 터키, 이란, 이라크, 시리아 등 중동 지방에 흩어져 살며, 안정된 삶의 터전이 없는 유랑민의 비참한 생활을 하고 있습니다.

현대인은 청소년기에 학교생활, 청년기에 군대 생활, 장년기에 직장 생활과 정당 활동, 종교 활동, 자원 봉사 활동, 취미 동호회 활동, 국가 대표 선수촌 생활 등 다양한 종류의 공동체 생활을 합니다.

최근에 학교와 군대에서는 원만한 공동체 생활을 할 수 없게 만드는 따돌림 풍토가 심해 자살까지 이르는 극단적인 비극이 빈번히 발생하고 있습니다. 학교생활이나 군대 생활은 자의에 의해 그곳을 떠날 수 없기 때문에 이러한 극단적 비극이 일어납니다.

공동체 구성원들이 서로의 인격을 존중하고 상호 협조한다면, 공동체 전체가 행복한 추억을 간직하는 체험을 하게 될 것입니다. 어느 공동체에 소속되어 있으면서 그 공동체의 공동선 추구를 방해하는 행위를 반복하는 사람은, 전체의 선익을 위해 자의로나 타의로나 그 공동체를 떠나게 될 것입니다. 예를 들면 학교의 기숙사 생활, 신학생 생활, 수도회 생활 등에서 그러한 일이 발생합니다.

① 개인과 공동체의 관계

가정이나 국가는 인간의 본성에 더 직접적으로 부합합니다. 사회는 구성원 개개인이 덕을 닦는 것을 방해하지 않고 도와줘야 합니다. 정의로운 가치 체계를 세워 국민들의 인격 향상을 높이는 데 도움이 되어야 합니다.

사람들은 공동체 생활에서 형제애를 실천하며 살아갑니다. 인간은 사회적 존재라고 하지만, 그렇다고 해서 인격체라는 개인의 의미가 공동체 안에서 완전히 사라지는 것은 아닙니다. 개인은 자신의 궁극적인 목적과 형언할 수 없는 자신의 존엄성 안에서 사회적인 결속의 한 부분을 담당합니다. 그러므로 모든 사회 제도의 근원도 주체도 목적도 인간이며, 각 개인은 결코 가족, 민족, 국가에 완전히 귀속되지 않습니다. 인간은 오로지 하느님께만 귀속되어 있습니다. 따라서 각 개인에 대한 모든 권리를 요구할 수 있는 사회 제도는 없습니다.

개인주의는 인간의 사회적 관계성을 무시하는 사상이고, 집단주의는 개인의 존엄성을 부정하는 사상입니다. 가톨릭교회는 이 두 가지 극단적 주장의 폐단을 항상 지적하고 있습니다.

(3) 세계 공동체

정보 교환이 활발해지면서 사람들의 상호 의존성이 증대되어 점차 세계는 하나의 공동체를 형성해 가고 있습니다. 지구에 사는 모든 인류가 공동체로 살게 되었다는 뜻에서 지구촌이라는 말이 생겼습니다.

평등한 존엄성을 타고난 사람들이 모여 인류 가족이라는 단일성을 띠고, 이 단일성은 전 세계적인 공동선을 지향합니다. 전 세계적 공동선은 다음과 같은 다양한 문제를 해결하도록 촉구하고 있습니다.

첫째, 식량·건강·교육·노동과 관련된 사회생활 분야

둘째, 개발 도상국들의 발전을 위한 원조

셋째, 전 세계에 흩어져 있는 난민들의 구호

넷째, 이민 가정에 대한 지원

다섯째, 전 세계 각 지역의 분쟁 해결과 평화 유지 등

이처럼 다양한 문제들이 유엔을 비롯한 여러 국제기구에서 해결되도록 각국의 공권력들이 협조해야 합니다. 국제 사회에서 국가들 간에 이기적

인 욕심을 채우려 한다면 분쟁과 전쟁이 끊이지 않을 것입니다.

2) 공동선

(1) 행복을 추구하는 사람

집단생활을 하는 사람은 공동체 전체의 선익, 그리고 행복과 관련이 있습니다. 우리나라 운동선수가 올림픽에서 금메달을 따면 국민 모두가 기뻐합니다. 그 반면에 가족 중의 누군가가 난치병에 걸리면 가족 모두가 불행해집니다.

사람은 누구나 행복하기를 바랍니다. 행복해지려면 공동체에 속하는 각 개인은 물론 공동체 전체가 서로 배려하고 협조해야 합니다.

행복하기를 바라면 날마다 그날 일을 반성하면서 인생에서 가장 중요한 질문을 매일 반복해야 합니다. 즉 날마다 곁에 있는 사람(가족을 포함해 직장 동료, 이웃사촌)에게 무엇을 어떻게 했는지 매일 반성해야 합니다. 왜냐하면 곁에 있는 사람에게 기쁨을 주는 것이 자신도 행복해지는 가장 확실한 방법이기 때문입니다.

사람은 혼자서 행복해지려고 해도 결코 행복해질 수가 없습니다. 물질적으로 풍요한 생활을 하더라도 혼자 있으면 외로워집니다. 기쁨을 나눠야 행복해지기 때문입니다. 곁에 있는 사람을 행복하게 해 줌으로써 자신도 행복해지는 것이 인생입니다.

(2) 공동선의 의의

인간의 사회적 본성에 비추어 볼 때, 각 개인의 선익은 공동선과 연관되기 마련입니다. 공동체를 구성하는 사람은 개인으로든 집단으로든 행복을 추구합니다. 즉 자기 삶의 발전과 욕구가 충족되기를 원합니다. 이 목표를 더욱 쉽고 충만하게 추구하도록 하는 사회생활 조건의 총화를 공동선이라고 말합니다.

만일 사회의 안녕만 강조되고 개인의 안녕은 법이나 조직에 의해 억제되며, 개인적인 것은 포기하라고 강요받는다면 집단주의의 오류로 가는 것입니다. 예를 들면 북한 사회가 그러합니다.

또한 만일 사회 구성원 중에 최대 다수의 최대 행복을 추구함으로써만 개인과 사회 사이의 정당한 균형이 이루어진다고 주장하는 이들이 많다면 잘못된 자유주의의 길로 가는 것입니다.

장애인이나 환자라도 하느님의 모상으로 창조된 각 개인은 행복해지도록 존중받아야 합니다. 그런데 이러한 목표는 어느 누구도 쉽게 실현하지 못합니다. 오직 하느님만이 인간이 인식할 수 없는 신비를 통해서 인간 사회를 이루어 주십니다. 따라서 개인의 안녕과 사회의 안녕은 아주 밀접하게 연관됩니다. 각 개인의 완성은 사회적 조건이 갖추어져 있다면 더 쉽고, 더 좋게 이룰 수 있습니다.

공동체 생활을 하는 사람은 본성적으로 공동선을 추구합니다.

(3) 공동선의 본질적 요소

공동체에 속하는 모든 사람이 더욱 충만하고 더욱 쉽게 자기 완성을 추구하도록 돕는 사회생활 조건의 총화를 공동선이라고 합니다. 한마디로 공동체를 구성하고 있는 개개인의 안녕과 행복, 그리고 사회 전체의 평화와 발전을 지향하는 것이 공동선입니다.

공동선은 세 가지 본질적 요소를 포함하고 있습니다.

첫째, 공동선은 인간을 인격체로 존중할 것을 전제로 합니다. 개인의 인격은 모든 사회를 초월하는 가치를 지닙니다. 사회는 그 구성원 각자가 자기 소명을 실현할 수 있게 해 줘야 하며, 이를 위해서는 인간의 기본권을 절대적으로 존중해야 합니다. 인간을 개별적으로나 집단적으로나 경멸한 정권은 결국 공동선을 증진하지 못했음을 역사가 증명하고 있습니다. 대표적인 예가 사회주의 국가들의 붕괴입니다. 인간에 대한 존중은 그 사회의 근본 바탕이 되는 곳에서 이루어져야 합니다.

둘째, 공동선은 사회의 안녕과 집단의 발전을 요구합니다. 다시 말해 사회가 정신적·물질적 선익이 발전할 때 곧 사회의 안녕도 커집니다. 개인과 사회의 이익에 대한 정당한 조정은 모든 사람이 삶에 필요한 것을 누릴 수 있게 하는 것을 전제로 합니다.

셋째, 공동선은 평화를 지향합니다. 즉, 집단의 올바른 질서의 지속과 그 구성원들의 안전을 정당한 방법으로 보장해야 합니다. 평화의 소중함이 얼마나 큰 것인지는 그것을 잃었을 때에 깨닫게 됩니다. 우리 민족의 가장 쓰라린 비극인 한국 전쟁은 우리 국토를 철저하게 황폐화시켰고, 우리 민족 다수가 억울한 죽임을 당했습니다.

3) 공권력

(1) 공권력의 의의

무릇 인간의 공동체에는 그 공동체를 다스릴 권위가 있는 통치자가 필요합니다. 공동체를 이끄는 사람이 구성원들의 일부나 전체에 의해 선출되든지 또는 상급자에 의해 임명되든지 통치자가 있어야 그 공동체가 공동선을 추구할 수 있습니다. 예를 들면 어느 회사든지 경영자가 있어야 하고, 관현악단에도 지휘자가 있어야 합니다.

헌법으로 규정된 기관들이 국민에게 법률을 공포하고 명령을 내리며 또한 국민의 복종을 기대할 수 있는 자격을 공권력이라고 부릅니다. 공권력은 국가의 단일성을 위해서 필요합니다. 공권력의 역할은 가능한 한 사회의 공동선을 보장하는 것입니다. 인간 사회에 그 제도를 지켜 주고 또 충분히 공동선 실현에 이바지하는 합당한 공권력이 없다면, 질서가 잡히지 않을 것입니다.

(2) 공권력의 행사

공권력의 도덕적 정당성은 그 자체에 있는 것이 아닙니다. 공권력은 독재적으로 행사되어서는 안 되며, 자유와 책임 의식에 뿌리박은 도덕적 힘이 공동선을 위해 행사되어야 합니다.

공권력은 집단의 공동선을 추구하고, 또한 공동선을 달성하기 위해 도덕적으로 합당한 방법들을 사용해야만 정당하게 행사됩니다. 만일 지도자들이 옳지 못한 법률을 제정하거나 윤리 질서에 어긋나는 조치를 취한다면 그런 규정들은 양심에 의무를 지우지 못할 것입니다. 이런 경우 공권력은 더 이상 정당한 공권력이 아니라 압제로 변질됩니다.

그 반면에 국민들이 공동선을 달성하기 위해 제정된 공권력을 무시한다면 무질서의 혼란에 빠질 것입니다. 공동체를 이끄는 공권력이 없다면 무질서나 혼란이 야기되어 공동체가 번영할 수 없고, 공동선의 목표도 달성할 수 없습니다.

(3) 공권력 행사의 참여와 책임

공권력 행사에 참여하는 공무원들, 특히 고위층 공무원들은 공권력 행사에 중대한 책임을 집니다. 공권력을 행사하는 사람들은 국민이 믿음을 두는 가치를 내면화하고, 그들이 이웃에게 봉사하도록 북돋워 주는 가치를 확립해야 합니다.

권력은 강제로 복종시키는 힘입니다. 즉, 지배자가 피지배자에게 복종을 강요하는 사회적 실력입니다. 폭력을 휘두르는 사람은 타인의 육신을 지배해 자신에게 복종하도록 합니다. 무력을 가진 사람도 타인을 강제적으로 지배합니다. 재력을 가진 사람은 임금을 주고 타인의 노동력을 살 수 있고, 웅변력을 가진 장군은 군인들이 목숨을 아끼지 않고 싸우도록 독려합니다. 심지어 언변이 뛰어난 사람은 백성을 선동해 반란을 일으키게 할 수도 있습니다.

누가 위인입니까? 타인의 몸만 움직이게 하는 사람보다 마음까지도 움직이게 하는 사람이 더 위대합니다. 돈을 주어 억지로 노동을 시키는 사람보다 기쁘게 봉사하도록 모범을 보이는 사람이 더 위대합니다.

특정한 분야에서 사회적으로 인정받고 영향을 끼칠 수 있는 능력을 가진 권위자는 많은 사람에게 모범을 되어 그들의 몸과 마음을 움직이게 합니다.

난치병을 치료하는 의약품을 발명한 사람은 큰 인물입니다. 희생과 사랑의 선행을 실천하는 사람은 많은 사람들에게 감동을 줍니다. 예술도(음악, 문학, 미술 작품 등) 많은 사람들에게 감동을 주고, 마음이 움직이게 합니다.

한시적으로 하루나 한 달 동안 마음을 움직이게 하는 사람보다 평생을 움직이게 하는 사람이 더 위대합니다. 성현의 언행은 제자들을 평생 빛으로 인도합니다. 자기 몸을 희생하면서 타인을 살리는 의인들은 어느 누구보다도 위대합니다.

4) 사회 정의

(1) 사회 정의의 의의

사회는 구성원들이 그들의 본성과 소명에 따라 마땅히 받아야 할 것들을 받을 수 있게 하는 조건들을 실현함으로써 사회 정의를 보장합니다. 사회 정의는 공동선과 공권력 행사와 관계가 있습니다.

사회 정의에는 세 가지 원칙이 있습니다.

첫째, 사회는 모든 구성원이 자유를 완벽히 누릴 수 있도록 해야 합니다.

둘째, 사회는 구성원 중 가장 빈곤한 사람들의 복지를 우선적으로 배려해야 합니다.

셋째, 사회는 구성원 모두에게 균등한 기회를 줘야 합니다. 다만 결과의 불평등은 있습니다.

(2) 인격의 존중

사회 정의는 인간의 탁월한 존엄성을 존중해야만 이룰 수 있습니다. 인간이 사회의 궁극적인 목적이고 사회는 인간을 위해 존재하는 것입니다.

인격 존중은 인간의 존엄성에서 비롯된 권리에 대한 존중을 포함합니다. 이 인간의 기본권은 사회보다 앞서 있고, 사회가 받아들여야 할 권리이며, 모든 공권력이 도덕적 정당성을 갖는 근거가 됩니다. 국법으로 이 권리를 무시하거나 인정하지 않는 사회는 도덕적 정당성을 스스로 무너뜨리는 것입니다. 이러한 권리를 존중하지 않는 공권력은 그 구성원들이 복종하도록 강제력을 사용합니다. 교회는 선의의 사람들에게 이 권리를 상기시켜야 합니다.

인격 존중은 다음과 같은 원칙을 존중함으로써 이루어집니다. 모든 사람은 저마다 이웃을 예외 없이 또 하나의 자기 자신으로 여겨야 하고 무엇보다도 이웃이 품위 있게 사는 데 필요한 수단들을 보살펴야 합니다. 그러나 우호적인 사회를 건설하는 데 방해가 되는 공포와 편견, 교만과 이기주의적인 태도는 어떠한 법률로도 없앨 수 없습니다. 이러한 태도는 모든 사람을 자신의 이웃과 형제로 여기는 사랑이 있어야만 사라집니다.

인격을 존중하는 사람은 남을 '또 하나의 나'로 여깁니다. 인격을 존중할 때 인간의 존엄성 그 자체에서 유래하는 기본권도 존중하게 됩니다.

공동체 구성원들이 저마다 이기적으로 산다면 공동체가 유지될 수 없습니다. 따라서 원만한 공동체 생활을 원한다면, 서로의 인격을 존중해야 합니다. 자기의 권리를 존중받기 원하는 사람은 남의 인격과 권리도 존중해 줘야 합니다. 인격을 존중할 때 인간의 존엄성에서 유래하는 기본권도 존중하게 될 것입니다. 만일 공동체를 구성하는 각 사람이 자기 권리만 주장하고 타인의 권리를 인정하지 않는다면 공동체가 유지될 수 없습니다.

윤리 도덕의 준수는 공동체 생활에 필수 요소입니다. 가정이나 직장에서나 서로의 인권을 존중하지 않으면 불쾌하고 불행한 삶이 될 것입니다.

참됨(眞)과, 올바름(善)과, 아름다움(美)은 서로 통하는 것입니다. 질서는 정의와 기쁨, 행복의 바탕입니다. 그 반면에 무질서는 불의와 증오, 불쾌, 불편, 불안의 바탕입니다.

(3) 불평등의 해소

평등은 본질적으로 각 사람의 개인적 존엄성과 거기에서 비롯하는 권리에 근거를 두고 있습니다. 사람들이 서로가 평등해지려면 각 사람의 인간적 존엄성과 그 존엄성에서 유래하는 권리의 평등도 인정해야 하며, 남녀의 평등한 권리 역시 존중해야 합니다.

사람은 이 세상에 태어날 때부터 육체적·정신적 생명의 발전에 필요한 모든 것을 갖추고 있지는 않습니다. 타고난 재능은 각각 다르지만, 자라면서 나이와 육체적 능력과 정신적·도덕적 역량, 소유한 재물과 그 분배에 따라서 사람들 사이에 차이가 생겨납니다.

사람들 사이의 차이는 서로 도움을 주고받을 필요를 느끼도록 하느님이 계획하신 일입니다. 또한 사람의 동등한 존엄성은 사람들의 지나친 사회적·경제적 불평등을 줄이기 위해 노력하도록 요구합니다.

인간의 동등한 존엄성은 부당한 불평등의 개선을 촉구합니다. 따라서 공동체는 사회적·경제적 불평등을 줄이기 위해 노력해야 합니다.

공동체 생활에서 개인들은 이목이 집중되는 화려한 임무를 탐하는 반면, 생색낼 수 없는 궂은일은 기피하려 합니다. 공동체 생활을 하면 누구나 하고 싶어 하는 임무가 있고, 또 누구나 기피하는 임무도 있습니다. 예를 들면 공동 식사를 하고 난 다음 설거지는 누구나 기피합니다. 그런 경우에 누군가가 설거지를 해야 공동체가 함께 생활할 수 있습니다. 하기 싫은 일이라도 공동체를 위해 자원해 희생할 줄 아는 사람은 그 공동체 전체를 행복하게 만드는 행복의 샘입니다.

(4) 인간의 연대성: 상호 협조

연대성의 원리는 인간적인 형제애, 즉 우정 또는 사회적 사랑을 의미합니다. 연대성은 이익의 분배와 근로에 대한 보수에서 드러나며, 더욱 공정한 사회 질서를 위한 협상을 하는 등 갈등을 해결하는 노력을 하여 긴장을 쉽게 해소할 수 있습니다.

사회·경제적 문제들은 연대성을 통해 서로 도움을 주고받아야만 해결될 수 있습니다. 연대성의 형태는 다양합니다. 가난한 사람들 사이의 연대성, 부자와 가난한 사람들 사이의 연대성, 기업에서 근로자들 사이의 연대성, 고용주와 고용인 사이의 연대성, 국가와 민족들 사이의 연대성 등이 있습니다. 국제적 연대성은 도덕적 차원의 요구인데, 세계 평화는 부분적으로 여기에 달려 있습니다.

공동체 구성원들은 각자 개성의 차이를 서로 보완하면서 협조하는 지혜가 요구됩니다. 똑같은 사람은 없는 만큼 사람들은 공동체를 이루어 서로 장점과 단점을 보완하면서 형제애와 박애 정신을 키워야 합니다.

고급스럽고 정밀한 기계일수록 다양한 부속품들을 정교하게 조립해 제작합니다. 아주 많은 다양한 부속품들은 각각 독특한 기능을 수행하면서 기계 전체가 작동하도록 해 줍니다.

자동차는 약 2만 개의 부속품으로 조립된 기계입니다. 자동차는 설계도에 따라 각 부속품들이 제자리에 있어야만 제 기능을 발휘합니다. 부속품들이 아무 데나 제멋대로 무질서하게 섞여 있으면 자동차는 움직이지 않습니다. 자동차는 지성이 뛰어난 사람이 발명하고 설계한 우수한 발명품입니다. 질서는 지성이 있는 설계자의 작품입니다.

사람의 몸도 매우 다양한 기관들이 질서 정연하게 각기 고유한 기능을 발휘할 때 건강할 수 있습니다. 신체의 각 기관을 구성하고 있는 세포 수는 자그만치 약 100조 개라고 합니다. 전 세계 인구 수가 70억 명이 넘으니까 인체의 세포 수는 전 세계 인구 수의 만 배가 넘습니다. 그러니까 아무리 큰 공동체라도 한 사람의 세포 수보다는 적습니다. 이처럼 많은 세포들이 질서 정연하게 소임을 다할 때 사람의 몸이 건강한 것입니다.

공동체 구성원인 개인들이 공동체의 공동선 달성에 기여하기 위해 사회질서를 성심껏 준수할 때 사회가 건강해집니다. 이는 어느 한 사람이 교통질서를 어기면 교통이 마비되어 여러 사람이 불편해지는 것과 마찬가지입니다.

5) 공동체와 규율

(1) 자연법과 양심

인간은 자신의 행위에 대한 자제력과 진리, 선을 향해 자신을 다스릴 능력을 천부적으로 받고 태어납니다. 인간에게 선과 악이 무엇이며, 진리와 거짓이 무엇인지를 이성으로써 식별할 수 있게 하는 타고난 도덕 의식을 자연법이라고 합니다. 각 사람의 마음에 새겨져 있는 양심이 바로 하느님이 정해 주신 자연법입니다.

자연법은 도덕 생활을 규제하는 기본적이고 가장 중요한 규범들을 밝혀 줍니다. 하느님께서 계시하신 십계명에 자연법의 중요한 규정들이 제시되어 있는데, 이 십계명에는 하느님과 이웃에 대한 인간의 기본적 의무를 명시하고 있습니다.

자연법은 인간의 존엄성을 나타내고 인간의 기본 권리와 의무의 기초가 됩니다. 자연법은 인간 공동체를 건설하는 데 꼭 필요한 도덕적 기초가 됩니다.

(2) 자연법과 국법의 관계

자연법의 일반 원칙은 모든 사람에게 똑같이 적용될 수 없습니다. 민족과 풍습이 다양한 만큼, 국가별 실정법도 다양할 수밖에 없기 때문입니다. 자연법은 인간의 실정법의 필수적 토대이며, 이를 어기는 인간의 법은 제정될 수 없습니다.

입법 기관에서는 국민이 지켜야 할 법률을 제정하고 합법적으로 선포

하지만, 그 사실 자체로 진정한 법이라고 말할 수는 없습니다. 모든 실정법의 규범인 자연법을 따르지 않으면, 진정한 법이라고 말할 수 없기 때문입니다. 예를 들면 자연법을 어겨서 생명을 훼손하는 법을 제정했다면 그 법은 진정한 법이라기보다는 허위의 법이라고 말할 수밖에 없습니다. 따라서 낙태나 안락사, 존엄사 등 사람의 생명을 훼손하는 국법은 제정될 수 없습니다. 인권을 유린하는 국법이나 신앙의 자유를 제한하는 국법도 제정될 수 없습니다. 만일 국법이 자연법을 지키는지 어기는지에 상관없이 최고의 규범인 것처럼 주장한다면, 이는 국가가 신격화되는 것과 마찬가지입니다.

국법은 자연법의 원칙들을 살펴 결론을 내리기도 하고, 자연법에 실질적이거나 법률적인 요소들을 보태기도 합니다. 예를 들면 어느 국법에서나 살인과 국가 반역을 금하고 있습니다. 그러나 살인죄와 국가 반역죄에 대한 처벌 규정은 국가별로 사뭇 다릅니다. 처벌은 목적을 위한 수단인데, 그 수단에 대한 생각은 국가별로도 다르고 한 국가 안에서도 시대에 따라 다르기 때문입니다.

자연법에 따르면 정의는 각 사람에게 속한 것을 본인에게 줘야 합니다. 그런데 강도가 살인할 때 사용한 권총은 본인에게 되돌려 주지 않고 경찰이 압수합니다. 강도가 권총을 계속 가지고 있으면 또 다른 살인을 할까봐 권총을 압수하는 형법을 국법으로 제정한 것입니다. 그 권총을 압수하고 보관하는 기관과 구체적인 기간은 나라별로 국법에 따라 다양합니다.

교도소에 범죄자를 수감하는 것은 그 죄인의 자유를 부당하게 속박하는 것이 아닙니다. 범죄는 타인의 권리와 자유를 불법적으로 침범하는 행위이기 때문입니다. 따라서 사회 공동체에 속하는 많은 사람의 정당한 권리와 자유를 보장하기 위해 죄인이 또다시 범죄를 저지르지 않도록 보호하는 곳이 교도소입니다. 어떤 범죄에 대해서 얼마 동안 수감하느냐의 문제는 형법으로 다양하게 규정됩니다.

"법 없이도 사는 사람"이라는 관용적 표현이 있습니다. 사람의 자유를 제한하는 국법이 전혀 필요 없는 사람은 진정한 의미의 자유인입니다. 자유와 이성을 사용해 자신의 행동을 절제하는 인격자는 존경받고 귀감이 되는 사람입니다.

(3) 공동선과 국법의 관계

무릇 법은 공동체의 복리를 위임받을 자격이 있는 권위가, 공동선을 위해 각 구성원이 지키도록 제정하고 공포한 이성적 행동 규칙입니다. 국민을 질서 있게 보호하기 위한 합법적 입법 기관이 국법을 제정합니다. 국법은 자연법을 따라서 국민 전체의 공동선을 성취하기 위해 제정되어야 합니다.

국법은 공동선의 세 가지 요소를 구현하기 위해 제정됩니다.

첫째, 국법은 국민을 인격체로 존중할 것을 전제로 합니다.

둘째, 국법은 사회의 안녕과 집단 자체의 발전을 추구합니다.

셋째, 국법은 평화를 지향해야 합니다.

(4) 국법과 국민의 관계

국법은 국가 공동체의 각 구성원들이 서로 간에 인권을 존중하면서 화목하게 살기 위해 제정된 규칙입니다. 예를 들면 교통 규칙은 국민 각자가 서로 편리하도록 제정된 규칙으로, 어느 한 사람이라도 교통 규칙을 어긴다면 그 때문에 여러 사람이 통행에 지장을 받게 되거나, 교통 혼란이 생깁니다. 어느 누구도 그 교통 규칙을 위반할 자유는 없습니다.

국법은 국민 전체의 공동선과 행복을 위해서만 제정되어야 하고, 어느 정파나 어느 집단의 이익만을 위해서 제정되어서는 안 됩니다. 모든 구성원의 행복을 지향하는 합리적인 법 규정이어야, 모든 사람이 흔쾌히 자발적으로 국법을 지키게 될 것입니다. 그리고 도덕적 정당성이 구비된 국법이 정당한 공권력에 의해 합리적으로 시행될 때 국민 전체가 안심하고 태평성대를 노래하며 살 수 있습니다.

3. 원만한 의사소통

1) 개인적 발언

(1) 의사소통의 필요성

집단생활을 하는 인간에게 가장 중요한 요소는 상호 간의 의사소통입니다. 사람도 다른 고등 동물과 마찬가지로 표정이나 몸짓으로 본능적 욕구를 표현합니다. 의사를 확실히 표시해야 생존에 필요한 식량도 확보할 수 있습니다.

이성적 인간이 우주 만물을 지배하게 된 데에는 언어와 문자를 발명해 지극히 강력한 의사소통 형식을 발전시킨 것이 바탕이 되었습니다.

인간은 언어와 문자를 통해 집단 학습의 결과를 최대 한도로 공유하고 후손에까지 전수할 수 있었습니다. 고대 원시 시대에 암벽에 수렵 방법을 새겨 놓은 것이 오늘날 발굴된 적이 있습니다. 그 암벽의 그림이 인류 공동체에게 공동 정보를 제공했던 것입니다. 또한 예부터 세워진 수많은 비석에는 상형 문자를 비롯해 현대의 문자까지 발전된 흔적이 뚜렷이 남아 있습니다. 이처럼 인류가 얻은 집단 정보를 후손들에게 정확히 전달해 준 덕분에 인류가 우주 만물을 지배하는 지위를 확보할 수 있었습니다. 말과 글의 의사소통 방법을 개발하지 못했다면 인류의 문화 발전은 불가능했을 것입니다.

원만한 의사소통에는 필수적인 요건이 있습니다.

첫째, 표현의 진정성입니다. 거짓말만 한다면 의사소통이 불가능해집니다.

둘째, 성실하게 경청하는 자세가 필요합니다. 아무리 표현해도 아무도 들어 주지 않으면 의사소통이 이루어질 수 없습니다.

셋째, 상호 간에 인격을 존중하는 것이 기초가 되어야 합니다. 인격을 무시하는 사이에서는 아무리 큰 소리를 내도 상대방이 말을 들어 주지 않기 때문에 의사소통이 불가능해집니다.

① 행복의 핵심은 인정받는 것

사람이 아무리 풍요로운 환경에서 살더라도 인격을 인정받지 못한다면 행복할 수 없습니다. 행복의 핵심 요소는 인정받는 것이기 때문입니다.

따라서 더 권위 있는 사람으로부터 인정받을수록 더욱 행복을 느낍니다.

어린이는 부모의 칭찬을 받을 때 가장 행복해집니다. 학생은 존경하는 선생님으로부터 칭찬받을 때 행복해집니다. 자기의 발언을 경청해 주는 사람을 만나는 것이 행복의 시작입니다. 자기의 말을 중단시키지 않고 속 시원하게 끝까지 들어 주는 사람을 만나면 행복해집니다.

부부 사이와 부모와 자녀 사이에 상대방의 말을 끝까지 정성스레 경청해 주면 서로가 행복해집니다. 가족 구성원들이 서로 아기자기한 대화의 꽃을 피우는 가정이 바로 행복하고 거룩한 모범 가정입니다. 말을 경청해 주고 공감을 표시해 줄수록 더욱 행복해집니다.

우리가 상대방의 말을 경청해 주면, 상대방이 자연스럽게 우리에게 협조해 줍니다. 협조를 받으면 감사의 마음으로 보답하게 됩니다. 서로 협조해 주고 협조를 받으면 사랑이 싹트고 신뢰심도 자랍니다. 신뢰와 사랑이 지극하게 되면 서로 존경하게 됩니다.

자기 자녀들로부터 존경받는 부모는 성공한 인생을 산 사람입니다. 부모로부터 이해받고 사랑받는 자녀는 당연히 효자, 효녀로 성장합니다. 날마다 가족 간에 원만한 대화가 오순도순 이루어지는 가정은 행복합니다. 부부간에, 또 부모와 자녀 간에 대화가 단절된다면 그만큼 상호 간에 목소리가 더 커지고 더 거칠어지며 함께 살기가 힘들어집니다.

(2) 자유로운 발언과 경청

사람은 보고 싶은 것만 보고 듣고 싶은 것만 듣습니다. 보고 싶지 않은 것은 건성으로 보는 척만 하고 듣고 싶지 않은 것은 듣는 시늉만 하기 때문에 기억에 남지 않습니다. 보아도 알아보지 못하고 들어도 알아듣지 못하는 것입니다.

말과 글은 발언자의 덕성, 심성, 교양, 학식, 주장 등을 고스란히 나타냅니다. 어떤 사람의 글을 읽거나 그의 연설을 잠시 동안 듣기만 해도 그 발언자의 주장이나 교양과 인격 등을 파악할 수 있습니다. 경솔한 판단을 피하려면 남의 생각과 말과 행동을 가능한 한 유의해야 할 것입니다.

같은 사람의 연설을 들어도 청중의 반응은 천차만별입니다. 찬성하는 사람은 기뻐하고 반대하는 사람은 욕을 합니다. 발언자의 말을 중단시키거나 가로채면 의사소통이 불가능해집니다. 또한 상대방이 듣기 싫어하는 말을 혼자서 아무리 크게 떠들더라도 그 사람이 듣지 않는다면 의사소통은 이루어지지 않습니다.

진정한 의사소통을 하려면 말하는 사람과 듣는 사람이 상대의 표정을 주목하면서 경청하고 마음을 열어야 합니다. 말하는 사람의 표정을 보면서 진지하게 들어 줘야 비로소 의사소통이 완성됩니다. 상대방의 말을 끝까지 인내를 갖고 들어 주는 것이 상대방을 이해하는 기초입니다. 이해해야 협조할 수 있습니다. 이해하고 협조하면 신뢰가 쌓이고, 신뢰가 쌓이면 자연스럽게 서로 생명을 주고받는 사랑이 싹트게 됩니다.

(3) 타인의 의견과 명예의 존중
① 타인의 의견 존중

사람은 누구나 남의 주장을 악의적으로 비난하기보다는 선의로 이해하려고 마음을 써야 합니다. 남의 주장을 받아들일 수 없는 경우에는 그에게 더 설명해 보라고 요청해야 할 것입니다. 그리고 그의 생각이 그릇된 것이라면 애덕으로 바로잡아 줘야 합니다. 만일 그것으로도 불충분하다면 그가 올바르게 깨닫도록 적절한 방법을 찾아야 할 것입니다.

② 타인의 명예 존중

사람들이 서로의 명예를 존중하려면 부당한 손해를 끼칠 수 있는 태도와 말을 삼가야 합니다. 타인의 결점이나 과실을 모르는 사람들에게 객관적으로 타당한 이유 없이 다른 사람들에게 전파하면 비방의 죄가 됩니다. 허위로 남의 명예를 해치는 선전을 하면 중상의 죄가 됩니다.

또한 남의 도덕적 결점을 충분한 근거도 없이 사실로 받아들이면 경솔한 판단을 하는 것입니다. 경솔한 판단을 피하기 위해서는 남의 생각과 말과 행위를 가능한 한 긍정적으로 받아들이도록 유의해야 합니다.

③ 아부와 자랑

아부

자기의 이득을 위해 남의 악행과 나쁜 품행을 지나친 찬사나 아부, 아첨으로 부추기는 말이나 태도는 피해야 합니다. 중대한 악습이나 죄를 찬동해 돕는 아부 행위는 큰 죄악입니다. 도움이 되고자 하는 열망이나 우정이 말의 위선을 정당화하지는 못합니다. 남의 기분을 좋게 하기 위해, 악을 피하기 위해, 앞으로 생길 수 있는 필요에 대비하기 위해, 이익을 얻기 위해 지나친 찬사를 하는 경우도 삼가야 합니다.

자랑

과분한 자기 자랑이나 허풍은 진실을 거스르는 행위입니다. 악의로 남의 행동의 일부 측면을 왜곡해 헐뜯는 빈정거림도 이와 마찬가지입니다.

2) 언어의 본성

(1) 진실

마음속으로 생각한 것을 남에게 나타내는 것이 말과 글입니다. 정보를 전달하고 보존하는 언어의 본성은 진실입니다. 진실하고 성실하며 솔직한 사람은 말과 행실 또한 올바릅니다. 상호 신뢰가 없는 사람들은 더불어 살 수 없을 것입니다.

진실한 사람은 남에게 마땅히 알려 줘야 할 것을 알려 줍니다. 진실은 정직과 신중을 내포합니다. 인간은 정의에 따라 남에게 정직하게 진실을 밝혀야 합니다. 진실은 말해야 할 것과 지켜야 할 비밀 사이에서 올바른 중용을 지킵니다.

악인은 비밀을 악용할 위험이 있으므로 그에게는 비밀을 알려 주어서는 안 됩니다. 선인과 악인을 구별할 능력이 부족한 순진한 어린이들은 악인에게도 선인에게 대하듯이 거짓말을 하지 못하여 비밀을 지키지 못합니다. 보고 알게 된 것, 체험하고 느낀 감정을 곧이곧대로 솔직하게 표현할 수 있을 뿐입니다.

① 진실과 비밀

1950년 6월 28일 새벽에 탱크를 앞세운 북한 인민군이 서울을 기습적으로 점령했습니다. 전혀 예측하지 못했던 서울 시민들은 모두 당황했습니다. 미리 피난을 간 사람은 매우 드물었습니다. 서울을 점령한 인민군은 장정들을 눈에 띄는 대로 잡아갔습니다. 그 때문에 장정들은 멀리 피난 가지 못한 상태에서 집 근처의 숨을 곳을 찾느라고 허둥거렸습니다. 교활한 인민군은 가택 수색을 하면서 그 집의 어린이를 구슬렸고, 그 집의 어린이는 순순히 자기 아버지, 삼촌, 큰형이 숨은 곳을 알려 주었습니다. 그 어린이들은 아버지와 삼촌과 형이 인민군에게 끌려가는 모습을 이유도 모르는 채 목격했습니다. 그래서 집집마다 장정들은 인민군뿐 아니라 자기 집 아이들과 동네 아이들 몰래 숨을 곳을 찾느라고 큰 고역을 치렀습니다. 1950년 9월 28일에 국군이 서울을 수복했습니다. 인민군 치하 3개월 동안에 잡혀가지 않고 살아남은 장정들은 인민군에게 잡혀가지 않은 것이 기적이라고 믿으면서 살았습니다.

(2) 거짓말

거짓말은 다른 사람을 속이려는 의도로 진실을 직접적으로 어기는 것입니다. 또한 사람을 오류에 빠뜨리려고 진실을 거슬러 말하거나 행동하는 것입니다. 거짓말은 인간과 진실의 관계를 손상시키고, 인간과 이웃의 관계를 훼손시킵니다. 거짓말은 알려진 진실을 다른 사람들에게 전하는 언어 본연의 기능을 악용하는 것입니다. 그러나 우리는 사회 전체를 파괴할 만큼 거짓의 위력이 맹위를 떨치고 있는 세상에서 살고 있습니다.

거짓말을 한 사람은 다른 사람들이 자신의 거짓말을 믿게 하려고 증거를 조작합니다. 그래서 한 번 거짓말을 하면 그 거짓을 조작하기 위해 연달아 거짓말을 할 수밖에 없습니다. 진실을 속이는 거짓말은 진실을 전달하는 언어의 천부적인 기능을 교활하고 악질적으로 남용하는 죄악입니다.

① 거짓말의 죄책
남을 오류에 빠뜨리고자 고의로 거짓말을 하는 것은 정의와 사랑을 거스르는 악행입니다. 남을 속여서 재물을 빼앗거나 재산상 불법적인 이득을 얻거나 남을 시켜 이득을 얻게 함으로써 성립되는 죄를 사기죄라고 말합니다.

만약 법정에서 진실에 어긋나는 말을 한다면, 이는 위증이 됩니다. 맹세를 하고서 거짓말을 하면 맹세를 어기는 것입니다. 위증은 정의의 구현과 재판관들의 공정한 판결에 해를 끼치는 범죄입니다.

거짓말의 죄책의 경중은 다음과 같은 여러 가지 기준에 따라 다릅니다.

첫째, 거짓말은 왜곡되는 진실의 경중과 성격에 따라 죄책의 경중이 평가됩니다.

둘째, 거짓말을 하게 된 상황에 따라 죄책의 경중이 평가됩니다.

셋째, 거짓말을 하는 사람의 속마음과 그 거짓말의 피해자가 입은 손해의 경중에 따라 죄책의 경중이 평가됩니다.

(3) 비방과 중상
명예는 인간의 존엄성에 대한 사회적 증거입니다. 사람은 자기 명예와 명성에 대한 천부적 권리와 함께 존경을 받을 권리가 있습니다. 그런데 비방과 중상은 기본적 인권에 속하는 명성과 명예를 해치는 범죄입니다. 그러므로 비방과 중상은 정의와 사랑을 훼손시키는 죄악입니다.

이 근래에는 지도층에 속하는 사람들이 지위에 걸맞지 않은 극단적인 증오의 말을 공식 석상에서 남발하는 경향이 심해졌습니다.

듣는 이에게 악감정을 일으키게 하는 욕을 하고 싶다면, 먼저 발설자가 마음속으로 자기가 의도하는 효과를 낼 만한 악한 욕설을 찾아내야 합니다. 악독한 단어를 고르는 과정에서 그 단어가 뜻하는 관념으로 인해 악한 감정이 먼저 발설자의 마음에 영향을 미칩니다. 그래서 마음의 평화가 깨집니다. 욕설을 하는 사람은 자기 입으로 욕을 말하기 전에 먼저 흥분합니다. 욕설을 듣는 사람은 욕설을 듣게 된 다음에야 그 욕설이 뜻하는 관념 때문에 흥분하게 됩니다. 그러니까 욕설을 하는 사람은 그 욕설을 듣는 사람보다 먼저 자기의 선한 감정을 괴롭히는 역설적 행위를 하는 것입니다.

그 반면에 "말 한마디로 천냥 빚을 갚는다."라는 속담은 선한 말의 효과를 표현합니다. 또 "말은 때에 따라 최선이기도 하고, 최악이기도 하다."라는 말도 있습니다. 같은 말이라도 상황에 따라서 다른 효과를 내기 때문에, 말하기 전에 깊이 생각해야 한다는 뜻입니다.

3) 홍보 수단

(1) 홍보 수단의 유용성

현대 사회에서 홍보는 정보 문화의 향상, 교양의 확산 등 커다란 역할을 하고 있습니다. 홍보는 기술의 발달, 전달되는 새로운 소식의 풍부함과 다양함, 여론에 미치는 영향 때문에 나날이 증대되고 있고 그 수단도 다양해지고 있습니다.

대중 매체를 통한 정보 전달은 공동선을 위한 것입니다. 우리는 진실과 자유와 정의와 연대 의식에 근거한 정보를 제공받을 권리가 있습니다.

(2) 사생활 보호

사람은 누구나 자신의 사생활을 보호받아야 합니다. 홍보 전달의 책임자들은 공동선의 요구와 개인의 권리 존중 사이에서 적절한 균형을 유지해야 합니다. 언론이 정치 활동이나 공공 활동에 참여하는 사람들의 사생활에 개입하는 일은, 그들의 사생활과 자유를 해치는 정도에 따라 비난받게 됩니다.

인터넷과 홍보 매체를 악용해 전파하는 거짓말은 그 해독이 상상할 수 없을 만큼 너무나 큽니다. 최근에는 거짓 정보를 퍼트려 인격을 살인하는 SNS의 피해도 있습니다. 이러한 SNS 사용은 앞으로 더욱 심해질 것이므로, 10년 후나 20년 후의 우리 후손들에게 지금보다 더 큰 비난을 받을 것입니다.

(3) 홍보 매체 이용자와 언론인

사회적 전달 수단(특히 대중 매체) 이용자들은 대중 매체를 대할 때 절제와 규율을 지켜야 합니다. 언론인들은 불성실한 영향력에 더 쉽게 저항하기 위해서, 식견을 갖추고 정확한 의식을 다져 가야 할 책임이 있습니다.

언론인들은 직업상, 진실된 정보를 전달하는 데 이바지하고 사람을 해치지 않을 의무가 있습니다. 또한 내용의 사실을 중시하는 동시에 개인에 대한 비판의 한계도 중시하도록 항상 주의해야 합니다. 그리고 명예를 훼손하고 싶은 유혹에 굴복하지 말아야 합니다.

사회의 모든 구성원은 홍보 분야에서도 정의와 사랑의 의무를 완수해야 합니다. 따라서 사회 매체의 힘으로 올바른 여론을 형성하고 전파하도록 노력해야 합니다. 연대 의식은 참되고 올바른 정보 전달과 타인에 대한 이해와 존중을 촉진하는 의견들이 자유롭게 소통된 결과로 나타납니다.

홍보 수단은 사회의 거울입니다. 홍보 수단에서 사회의 아름다운 일이 보도된다면 기쁨이 되겠지만, 때때로 잘못된 것을 제시할 때에는 진정한 거울로 받아들여 시정할 수 있어야 합니다.

홍보를 하려면 언제나 진실해야 하고 정의와 사랑을 지키며 완전해야 합니다. 더 나아가 홍보 수단은 그 방법이 공정하고 적절해야 합니다. 즉, 뉴스의 취재와 보도에서 인간의 정당한 권리와 존엄성, 그리고 도덕률을 충실하게 지켜야 합니다.

(4) 공권력의 의무

공권력은 홍보 분야에서도 공동선을 위한 의무를 지고 있습니다. 공권력은 현대 사회의 발전에 반드시 필요한, 진실하고 공정한 정보의 자유, 특히 출판의 자유를 보장하고 옹호해야 할 의무가 있습니다.

국가는 법률의 공포와 효과적인 적용을 통해, 사회 매체의 오용으로 인해 공중 도덕과 사회 발전에 중대한 위험이 미치지 않도록 감시해야 합니다. 공권력은 명예와 사생활의 비밀을 보장받아야 할 각 사람의 권리에 대한 침해를 제재해야 합니다. 공권력은 대중의 이익과 관계되거나 대중의 근거 있는 불안을 해소시켜 줄 정보를 제때에 성실하게 제공해야 합니다. 여론 조작을 목적으로 대중 매체를 통해서 거짓 정보를 제공하는 행위는 어떤 경우라도 정당화될 수 없습니다. 이러한 개입으로 인해 개인과 집단의 자유를 해치는 일이 있어서는 안 됩니다.

철저하게 진실을 왜곡하고, 대중 매체를 통해 여론을 정치적으로 지배하는 전체주의 국가들의 고질적인 악습은 결코 용인될 수 없습니다.

4. 인류 공동체 발전에 기여하는 사람들

1) 사람의 힘

육체와 영혼이 하나 된 사람은 매우 다양한 힘과 능력의 소유자입니다. 체력과 연관되는 능력도 다양하고 지성과 지식에 관련된 능력도 다양하며, 정신력과 의지력에 연관되는 능력도 다양합니다. 개인의 힘뿐 아니라 정치적·경제적·도덕적 힘도 있습니다. 사회의 힘, 민족의 힘, 국민의 힘, 국가의 힘 등 인간 집단의 힘도 다양합니다.

 엄청난 힘을 가진 사람이 그 힘을 선용하면 인류 발전에 기여하게 됩니다. 현대 사회에서 사용되는 온갖 종류의 기계는 발명가가 인류 발전을 위해 정성을 기울여 노력한 결과입니다. 인류가 발명한 온갖 종류의 발명품들은 인류 문화 발전에 크게 이바지해 왔습니다. 인류 문화 유산은 후손들에게 감탄을 자아냅니다.

 그 반면에 인간의 힘을 악용하면 인류에게 큰 재앙을 가져올 수도 있습니다. 전쟁을 일으키는 사람들은 인류 문화가 이룩한 유산들을 처참하게 파괴해 왔습니다. 심지어 원자력까지 사용할 줄 알게 된 인간은 지구의 자연을 파괴하는 한계를 넘어 지구 자체도 파괴할 수 있는 큰 힘을 가지게 되었습니다.

(1) 개인의 힘

 어떤 사람은 손재주가 있고, 어떤 사람은 말재주가 있고, 어떤 사람은 글재주가 있습니다. 어떤 사람은 노래에 소질이 있고, 어떤 사람은 운동에 소질이 있습니다. 그러한 인간의 능력은 사람 눈에 보이지 않지만, 그 능력의 작용으로 나타나는 현상을 보고서 그가 어떤 능력을 지녔는지 알 수 있습니다.

① 예술인의 힘

 글재주가 좋은 시인이나 훌륭한 문필가들은 악한 사람을 개과천선시켜 희망의 꿈을 키워 주고 인생을 긍정적으로 살게 하는 힘이 있습니다.

성악가나 오페라 가수들과 연극인들도 사람들에게 감동을 주어 새 출발을 하도록 이끌어, 훌륭하게 인생을 마치게 하는 힘이 있습니다. 영화와 연극은 사람들을 울리기도 하고 웃기기도 하며 슬프게도 하고 격려하기도 하며 흥분시키기도 하고 분개하게도 하는 힘이 있습니다. 또한 말재주가 좋은 코미디언은 즐겁고 명랑한 모습으로 사람들을 위로해 줍니다.

② 무용가, 운동선수의 힘

무용가나 운동선수들은 육체의 힘과 그 아름다움의 극치를 보여 줌으로써 탄복을 자아냅니다.

③ 노동력

자신의 일을 능숙하게 하여 힘든 일도 달인의 경지에서 묘기를 부리듯이 즐거운 모습으로 수행하는 사람은, 다른 이들을 감탄하게 하는 힘이 있습니다.

사람이 만드는 모든 제품은 사람의 노동으로 생산됩니다. 공산품뿐만 아니라 농산품, 해산물, 예술품, 건축물, 토목 공사도 모두 사람의 노동력을 통해 이루어집니다. 경우에 따라서는 동물의 힘도 사용합니다. 말, 소, 코끼리, 개 등의 힘을 활용합니다.

④ 손재주의 힘

치과·안과·외과 등의 의사들, 서예가, 미술가, 조각가, 목공예 작가, 여러 가지 악기를 다루는 음악가, 요리사, 마술사, 양복 기술자, 구두 기술자, 전자 제품과 정밀 기계 제작자들은 손재주가 대단한 사람들입니다. 손재주는 눈에 보이지 않습니다. 그러나 손재주가 발휘되면 사람들에게 감동을 주고 박수갈채를 받습니다.

⑤ 지성인의 힘

교육자, 사상가, 정치가, 과학자, 종교인 등은 사람의 지성과 영혼에 감동을 주어 인류 발전에 공헌하게 합니다.

(2) 집단의 힘

훌륭한 영도자를 만난 국민은 인류 공동체 발전을 위해 크게 기여합니다. 그 반면에 악독한 독재자를 지도자로 만난 국민은 세계 대전을 일으켜 많은 인류를 살상하고 문화 유산들을 무참하게 파괴하는 죄악을 범하게 됩니다.

2) 사람을 움직이게 하는 힘

(1) 타인을 움직이는 힘

돈, 권력, 무력, 완력, 폭력 등으로 타인을 움직일 수 있는 사람을 힘 있는 사람이라고 말합니다. 자신보다 힘이 센 사람이 일을 시키거나 돈을 내놓으라고 하면 그의 말을 따라야 손상을 입지 않습니다. 권총이나 칼 그 자체는 무섭지 않습니다. 그러나 권총이나 칼을 손에 쥔 자가 명령을 내릴 때 그것을 어기면 죽임을 당할 수도 있습니다.

돈이 있으면 좋은 혜택을 받을 수 있습니다. 재력가는 많은 근로자와 더불어 국민에게까지 혜택을 주는 기업체를 운영할 수 있습니다. 권력을 올바르게 잘 쓰는 통치자를 만난 국민은 행복하지만, 권력을 남용하는 독재자를 만난 국민은 불행합니다.

(2) 자기 자신을 움직이는 힘

정신력, 자제력, 판단력, 지구력, 용기를 가진 사람은 자기 자신을 통제할 수 있는 힘을 가진 사람입니다.

정신력으로 육체의 한계를 극복하는 경우도 있습니다. 예를 들면 순교자나 탐험가, 운동선수의 경우가 그러합니다. 그러나 자기 자신을 통제하는 것은 매우 어렵기 때문에 수양을 쌓아서 강한 자제력을 가진 사람은 존경을 받습니다.

(3) 사람의 마음을 움직이는 힘

정의, 진리, 예술(음악, 미술, 조각, 건축 등), 말, 글, 눈물, 약속, 신의, 권위, 신앙, 존경, 동정, 희생, 효심, 우애, 우정 등에는 사람을 감동시키는 큰 힘이 있습니다.

아우구스티노 성인의 어머니인 모니카 성녀가 흘린 눈물에는 마니교에 심취해 방황하던 아들을 올바른 길로 돌아오게 해 마침내 위대한 학자 성인이 되게 한 힘이 있었습니다.

(4) 사람을 감동시켜 그 모범을 따르게 하는 힘

예수님이나 석가모니, 공자 같은 위대한 성현의 말씀과 글에는 수천 년 동안 세계의 모든 사람들이 올바른 길을 갈 수 있도록 큰 영향력을 끼친 힘이 있습니다.

사랑과 희생심을 발휘해 언행이 일치하는 권위 있는 사람은 만인의 존경을 받습니다. 권위는 타인의 육체뿐 아니라 정신까지 움직이게 합니다. 그리고 사랑의 행위는 타인의 육체뿐 아니라 마음까지도 움직일 수 있습니다.

남을 위해 자기 목숨까지 바치는 사랑의 행위야말로 많은 사람들을 감동시키는 가장 위대한 힘입니다. 사람들은 그 감동적인 행위를 본받아 자발적으로 움직이게 됩니다.

3) 길이 남을 선행

선행의 차원은 다양합니다.

(1) 물질적 선행: 음식과 의복의 자선 행위

동정심이 많은 사람은 배고픈 사람이나 헐벗은 사람을 보면 그 자리에서 먹을 음식과 입을 옷을 베풀어 줍니다. 그런데 음식이나 옷은 은혜를 받은 사람 편에서는 효과가 짧습니다. 한 끼의 밥을 먹는다고 해도 하루도 못 되어서 다시 배고파집니다. 옷도 시간이 지나면 못 쓰게 됩니다.

(2) 지성적 선행: 장학 사업, 자선 기금, 저개발국 지원 사업, 발명과 발견

은혜를 받는 사람이 평생토록 그 효과를 입게 되는 선행이 있습니다. 장학금을 받은 사람이 학업을 마치고 사회에서 성공한다면 그 선행의 효과가 평생 지속됩니다.

저개발 국가의 발전을 위해 원조 기금을 설립한다면 그 국가가 혜택을 입고, 오랫동안 국가 발전을 이루게 될 것입니다. 또한 많은 인류를 위해 발명이나 발견에 기여한 경우에는 그 효과가 장기간 계속될 것입니다.

(3) 영원히 지속되는 선행: 복음 선교, 사도직 행위

예수님이 가르쳐 주신 영원한 생명을 얻는 진리를 전달해 준다면, 그 혜택을 받은 사람은 생전에도 복음 말씀에 따라 행복하게 살 뿐만 아니라, 죽은 다음에도 영원한 생명을 얻게 될 것입니다.

(4) 의인

자기 자신을 희생하면서 타인의 생명을 구하는 사람은 의인이라고 칭송받습니다. 이러한 의인은 하느님께 칭찬받을 것입니다.

등대지기

(영국 민요, 고은 작사)

얼어붙은 달 그림자 물결 위에 자고
한겨울의 거센 파도 모으는 작은 섬

생각하라 저 등대를 지키는 사람의
거룩하고 아름다운 사랑의 마음을

모질게도 비바람이 저 바다를 덮어
산을 이룬 거센 파도 천지를 흔든다
이 밤에도 저 등대를 지키는 사람의
거룩한 손 정성 이어 바다를 비친다

4) 인생의 무대

인생의 무대 위에서는 70억 명의 배우들, 즉 남자와 여자, 기혼자와 미혼자, 장애인과 비장애인, 지도자와 국민, 재벌과 근로자, 부자와 빈자, 교수와 학생, 의사와 환자, 선인과 악인, 가해자와 피해자, 종교인과 비종교인 할 것 없이 다양한 인종과 민족들로 구성된 사람들이 주연, 조연, 단역 등 수만 가지 역할을 담당해 열띤 연기를 하고 있습니다.

인류가 연기하는 연극을 우주 만물이 관람하고 있습니다. 천억 개의 은하들에 천억 개씩 존재하는 무수한 별들이 구경하고 있습니다. 특히 지구상에 사는 모든 식물들과 동물들도 인류의 연극에 들러리로 참여하고 있습니다.

연출가가 맡긴 배역에 적극적으로 호응해 멋진 연기를 하는 배우들도 있습니다. 연출가가 맡긴 배역을 못마땅하게 여기고 투덜거리면서, 그의 지시를 마지못해 따르는 시늉만 하는 배우들도 있습니다.

연출가는 각 연기자들에게 양심이라는 원격 제어 장치를 통해 수시로 지시합니다. 연출가의 지시를 성실히 따르는 배우도 있고, 연출가의 지시를 완전히 묵살하고 제멋대로 연기하는 배우도 있습니다.

연출가의 기대를 만족시키는 명배우도 있고, 연출가의 지시를 일부러 어기면서 엉뚱한 실수를 연발하는 못마땅한 배우도 있습니다.

그리하여 평생 중단 없이 연속되는 단 한 번뿐인 단막극에서의 배역이 끝나고 무대 뒤로 물러났을 때 그의 연기를 관람한 우주 만물이 냉철하게 평가한 후, 칭찬이나 비판을 합니다. 사회적 유명 인사의 배역을 맡아 화려하게 떠들어 대는 임무를 수행한 사람도, 무명 인사의 배역을 맡아 목소리 한 번 내지 못하고 묵묵히 사는 임무를 맡은 사람도, 막이 내리고 무대 뒤로 나가면 연출가의 냉엄한 평가를 기다려야 합니다.

연출가는 각 배우들에게 각자의 소질과 재능에 맞는 적합한 배역을 맡기고, 각 배우가 이 세상에서 맡은 배역을 성실히 연기하기를 기대합니다. 그리고 배우들이 명배우로 칭찬받을 수 있도록 꾸준히 보살피고 수시로 격려도 하고 타이르기도 합니다. 때로는 맡은 배역을 바꾸어 주어 재출발할 기회를 주기도 합니다. 아무리 화려한 배역을 맡았더라도 연출가의 기대에 어긋나는 연기를 하면 막이 내린 다음 무대 뒤에서 연출가로부터 견책을 당할 것입니다. 그러나 이 세상 무대 위에서 단역을 맡았더라도 연출가의 지시에 따라 성실하게 연기하면 명배우가 됩니다. 막이 내린 다음 무대 뒤에서 연출가에게 칭찬을 받을 것입니다.

김광섭(1905~1977년) 시인의 시 〈인생〉을 소개합니다.

인생

너무 크고 많은 것을
혼자 가지려고 하면

인생은 불행과 무자비한
칠십 년 전쟁입니다.
이 세계가 있는 것은 그 때문이 아닙니다.

신은 마음이 가난한 자에게
평화와 행복을 위하여
낮에는 해 뜨고

밤에는 별이 총총한
더 없이 큰
이 우주를 그냥 보라구
내주었습니다.

(김광섭, 《시와 인생에 대하여》, 한국기록연구소, 2014)

제3부
진화하는 우주와 하느님의 섭리

쾌락의 정원(세 폭 제단화를 닫았을 때)
히에로니무스 반 에켄(Hieronymu Van Aeken, 1450~1516년), 1510년경,
패널에 유채, 프라도 미술관, 마드리드, 스페인.

과학의 눈으로 본 인생

1. 우주

1) 우주론의 역사

(1) 고대의 천문학

지성을 갖춘 우리 인간은 하늘의 해와 달과 별들을 보고 우주 만물의 기원을 알고 싶어 했습니다.

BC 4세기에 아리스토텔레스는 지구 중심의 우주론을 제창하며 우주는 영원불멸하다고 주장했습니다.

BC 3세기에 그리스의 천문학자 아리스타르코스(Aristarchus)는 태양 중심의 우주론을 주장했습니다.

BC 2세기에 이집트의 알렉산드리아에 살았던 천문학자 프톨레마이오스(Klaudios Ptolemaios)는, 지구는 고정되어 있고 우주가 지구를 중심으로 회전한다는 '천동설(天動說)'을 제창했습니다. 사람들은 이 학설을 오랫동안 믿고 살아왔습니다.

(2) 16세기 이후 천문학

16세기에 근대 과학자들이 등장하면서 이 우주에는 프톨레마이오스의 이론으로는 설명될 수 없는 여러 가지 자연 현상이 있다는 것을 알게 되었습니다.

1543년에 폴란드 천문학자 코페르니쿠스(Nicolaus Copernicus)는 '지동설(地動說)'을 제창하며, 우주의 중심이 지구가 아니라 태양이라고 가정하면 여러 가지 자연 현상을 설명할 수 있다고 주장했습니다. 100년쯤 후 이탈리아 천문학자 갈릴레이(Galileo Galilei)는 망원경으로 우주를 관찰하고 코페르니쿠스의 지동설이 옳다는 것을 입증했습니다.

1584년에 브루노(Giordano Bruno)는 태양계가 우주의 중심이 아니고 우주의 흔한 항성계일 뿐이라고 말했습니다.

1605년에 케플러(Johannes Kepler)는 태양계의 행성이 태양 주위를 타원 궤도로 돈다고 주장했습니다.

1687년에 영국의 과학자 뉴턴(Isaac Newton)은 '만유인력(萬有引力)의 법칙'을 발표하면서 우주의 천체들이 하늘에 고정되어 있는 것이 아니라 중력이라는 신비로운 힘에 의해 서로 떨어지지 않게 끌어당기고 있다고 주장했습니다.

1755년에 칸트(Immanuel Kant)는 '섬 우주(Island universe)'라는 표현을 통해 성운(星雲)이 우리 은하 밖의 독립된 은하라고 주장했습니다. 섬 우주라는 말은 은하가 우주에 섬처럼 분포되어 있다는 표현입니다.

1826년에 올베르스(Heinrich Olbers)는 별의 수가 유한하기 때문에 밤하늘이 어둡다고 설명했습니다.

1905년에 아인슈타인(Albert Einstein)은 '특수 상대성 이론'을 발표해 시간과 공간이 하나의 연속체가 된다고 주장했습니다. 또한 그는 1916년에 '일반 상대성 이론'을 발표하면서 중력파(重力波)의 존재를 주장했습니다.

(3) 현대의 천문학

1920년에 우주의 크기에 관해 큰 논쟁이 벌어졌습니다. 섀플리(Harlow Shapley)는 우리 은하가 우주 전체라고 주장했습니다. 그 반면에 커티스(Heber Doust Curtis)는 우주에는 더 많은 은하가 있다고 주장했습니다.

1922년에 러시아 수학자 프리드만(Alexander Friedman)은 우주가 팽창할 수도 있고 수축할 수도 있다고 주장했습니다.

1925년에 허블(Edwin Powell Hubble)이 성운으로 알려진 천체의 거리를 측정한 결과 성운은 우리 은하 밖의 외부 은하라는 사실을 알아냈습니다.

1927년에 교황청 과학원 회원이었던 벨기에 출신 사제이자 수학자인 르메트르(Georges Lemaître)가 '우주는 원시 원자들의 폭발로 시작됐다.'라는 주제의 논문을 발표해 우주 대폭발 이론을 최초로 제창했습니다.

1929년에 허블이 적색 편이를 이용해 우주가 팽창하고 있음을 알아냈습니다.

1931년에 르메트르도 우주는 과거로 갈수록 수축하여 결국 우주 전체가 하나의 점으로 모인다고 주장했습니다.

1948년에 프리드만의 제자인 물리학자 가모프(George Gamow)가 현재의 우주 대폭발 이론을 체계화하고 우주 배경 복사의 존재를 예언했습니다.

1960~1970년에 루빈(Vera Rubin) 등이 은하의 나선형 회전팔의 회전 속도를 관측해 암흑 물질의 존재를 제창했습니다.

1980년에 구스(Alan Harvey Guth) 등이 독립적으로 '우주 급팽창 이론'을 발표해 우주의 지평선 문제와 평탄성 문제를 해결했습니다.

2) 빅뱅 이론(big bang theory)

우주 대폭발 이론이 처음 제창된 당시 '정상 우주론(steady state theory)'의 지지자였던 호일이 대폭발론을 조롱하면서 '작은 알갱이가 빵! 하고 터져서 우주가 생겨났다.'는 것이 말이 되느냐며 비아냥거렸습니다. 하지만 이후 우주 대폭발 이론은 '빅뱅 이론'으로 불리게 되었습니다.

빅뱅 이론에 따르면 "우주는 오래전 상상할 수 없을 만큼 작고 밝고 뜨겁고 높은 밀도의 에너지 덩어리가 폭발하여 생겨났고, 그 후 계속 팽창해 나가고 있다. 이 팽창 과정에서 우주 질량의 일부가 뭉쳐 별들을 만들었고 이 별들의 거대한 집단이 은하를 이룬다."라고 합니다.

1929년 우주가 팽창하고 있음을 알아낸 허블은 우주 팽창의 속도를 계산할 수 있다면 현재의 우주 팽창 속도를 역계산해 우주의 시초가 언제인지 알아낼 수 있다고 생각했습니다. 그 결과 약 200억 년 전에 우주는 하나의 점과 같은 상태였으며, 이 점이 대폭발해 현재의 우주가 만들어졌다는 결론에 도달했습니다.

(1) 우주 급팽창 이론(inflation theory)

초기 빅뱅 이론은 우주가 상대적으로 서서히 팽창했다면 오늘날처럼 우주가 균등한 모습으로 존재할 수 없다는 난제에 부딪혔습니다.

빅뱅 직후 아주 작은 우주에서 모든 물질이 균일한 상태로 뭉쳐 있다가 이 상태에서 순식간에 급팽창해야만 모든 물질이 처음처럼 균일한 상태를 유지할 수 있다는 문제였습니다.

우주 급팽창 이론의 근거는 우주 초기의 빛에서 나왔습니다. 현재 관측할 수 있는 가장 오래된 우주의 빛은 빅뱅 후 38만 년 뒤에 나온 것입니다. 그 전에는 빛 입자가 뜨거운 우주에서 마음대로 돌아다니는 전자의 포위막에 가려서 밖으로 빠져나오지 못했습니다. 빅뱅이 발생하고 38만 년이 지나서 우주의 온도가 내려가자 빛이 전자의 방해를 받지 않고 움직일 수 있었습니다. 이때 온 우주로 퍼져 나간 빛이 바로 지금 우리가 볼 수 있는 우주 배경 복사라는 전자기파(電磁氣波)입니다. 이 전자기파는 우주 어디에서나 같은 온도를 가진 균일한 상태로 관측됩니다.

1980년대 미국 MIT의 구스 교수가 전자기파를 우주 급팽창 이론으로 설명했습니다. 이 이론은 우주가 빅뱅 직후 한순간에 무한대 크기로 팽창했다는 이론입니다.

우주가 폭발 직후 빛보다도 빠른 속도로 급팽창했다는 이론이 제안됨으로써 빅뱅 이론은 활로를 찾게 되었습니다. 그러나 이 우주 급팽창 이론도 유력한 가설에 불과했습니다.

(2) 중력파(重力波, gravitational wave)

2014년 3월 17일, 미국 하버드-스미스소니언 천체물리센터 연구진이 "우주가 138억 년 전 대폭발 후 급팽창해서 만들어졌음을 보여 주는 증거가 처음 관측됐다."라고 발표했습니다. 우주 급팽창 이론의 근거가 되는 초기 우주의 중력파 흔적이 관측되었다는 것입니다.

이 발표에 따르면 대폭발이 난 뒤 찰나보다 짧은 순간에 급팽창이 이뤄졌는데 이때 남겨진 우주 공간 팽창의 흔적에서 중력파의 특정한 패턴을 잡아낸 것입니다. 급팽창 이론의 근거를 확보한 것입니다.

1916년 아인슈타인이 일반 상대성 이론을 발표하면서 중력파의 존재를 주장했습니다. 그런데 이번 연구 성과는 그의 이론을 98년 만에 입증한 것입니다.

중력파란 질량을 가진 물체가 움직이거나 새로 생겨날 때 퍼져 나가는 시공간의 일그러짐을 말합니다. 이는 중력장의 요동을 뜻하며 중력에 의해 시공간이 뒤틀리면서 발생한 물결파로, 잔잔한 수면에 돌을 던졌을 때 사방으로 퍼져 나가는 물결처럼 질량 변화 때문에 시공간에 생기는 파동입니다. 중력파는 시공간을 흔들면서 빛의 속도(약 초속 30만 km)로 빠르게 진행합니다.

물속에 풍선을 놓고 매우 빠르게 공기를 불어넣으면 물과 닿은 풍선 표면의 모든 곳에서 수면파가 발생하는 것처럼, 초기 우주가 급격히 팽창했다면 모든 방향으로 중력파를 발생시켰을 것이라고 과학자들은 예측해 왔습니다.

이 발견으로 우주 대폭발 직후의 상황이 다음과 같이 밝혀지게 되었습니다. 현존하는 우주의 모든 것이 응축된 지극히 작은 에너지 덩어리가 138억 년 전에 폭발해 삽시간에 급팽창했습니다. 빅뱅과 동시에 우주에 시간과 공간이 존재하게 된 것입니다.

우주 대폭발 직후 짧은 순간($10^{-37} \sim 10^{-32}$초) 우주가 빛보다 더 빠른 속도로 팽창해 우주의 지름이 10^{43}배, 부피는 10^{129}배만큼 커져서 지금과 같이 평탄하고 균일한 우주가 형성됐다고 합니다. 그리고 10^{-4}초 때 양성자들이 생성되었고, 10^{-2}초에 핵융합이 시작되었다고 합니다.

이에 관해 과학자들은 "빅뱅으로부터 약 3분 뒤 급팽창을 마친 우주에서는 수소와 헬륨, 리듐 같은 입자들이 만들어지기 시작했다. 우주를 구성하는 물질의 99퍼센트 이상이 이 과정에서 생겨났다."라고 설명합니다.

(3) 우주 배경 복사(宇宙背景輻射, cosmic microwave background radiation)

1948년에 가모프는 우주 마이크로파 배경 복사(CMBR)가 존재한다고 주장했습니다. 우주 배경 복사는 빅뱅이 일어난 지 38만 년 뒤부터 온 우주로 퍼져 나간 빛으로, '빅뱅의 메아리'라고도 불립니다. 우주 배경 복사는 정상 우주론에서는 없는 말입니다.

우주를 광학 망원경으로 관찰하면 암흑뿐입니다. 그러나 전파 망원경을 통해 관찰하면 별이나 은하와 관련이 없는 배경 복사가 우주 모든 방향에 균일하게 퍼져 있음을 확인할 수 있습니다. 우주 배경 복사는 빅뱅 이론을 입증하는 현상입니다. 이는 우주 초기의 뜨거운 고밀도 상태에서 뿜어져 나온 빛이 오늘날에도 관측되는 현상입니다.

우주 배경 복사는 우주 전체를 가득 채우며 고르게 퍼져 있는 초단파 영역의 전자기파로 빅뱅 이론의 가장 중요한 증거 중 하나입니다.

"우주는 약 138억 년 전 극도로 뜨거운 상태에서 대폭발과 급팽창을 겪으며 생겨났다고 한다. 태초의 우주 속에는 빛·전자·양성자와 같은 수많은 기본 입자들이 서로 뒤섞여 충돌하며 뜨겁게 달궈진(열적 평형) 상태를 유지하고 있었다. 그러다가 태어난 지 3분이 지나는 동안 핵 합성으로 기본적인 원자핵들이 만들어졌다. 팽창하며 식어 가던 우주의 온도는 38만 년 정도 되었을 때 약 3,000도 정도로 내려갔고, 자유롭게 날아다니던 전자는 양성자와 서로 달라붙게 돼 중성 수소를 형성했다. 빛과 숱하게 충돌하던 전자가 갑자기 사라져 버리자 빛은 물질과 더 이상 부딪치지 않고 자유롭게 우주 공간으로 퍼져 나갔으며, 본래의 성질을 거의 그대로 간직한 채 아직까지도 우주를 떠돌아다니며 식어 가고 있다. 우주 전체에 균일하게 퍼져 있는 이 빛을 '우주 배경 복사'라고 한다. 1965년 펜지어스(Arno Allan Penzias)와 윌슨(Robert Woodrow Wilson)이 처음 발견했다. 현재 영하 270.3도(절대온도 2.7K)의 극도로 차가운 빛으로 전 우주에 퍼져 있는 우주 배경 복사는 대폭발에 의한 우주 기원설을 뒷받침하는 직접 증거로 생각된다."(박찬경, 〈중앙일보〉, 2014년 3월 23일 자)

(4) 별의 생성

빅뱅으로 방출된 에너지와 물질들의 일부는 별이 되고, 일부는 우주 배경 복사라고 일컬어지는 순수한 에너지로 우주 공간에 분산되었습니다.

빅뱅 후 4~5억 년이 지나는 동안에 중성 수소들이 중력 수축해 별과 은하가 최초로 만들어졌습니다. 빅뱅 후 138억 년이 지난 현재 우주는 행성·별·은하·은하단·거대 공동·우주 거대 구조 등 다양한 천체들로 가득 차게 되었습니다.

천문학자들은 오늘날 우주에 1천~2천억 개의 은하가 있으며, 각 은하에는 태양과 같은 항성(恒星)이 1천억 개가 있다고 주장합니다. 그리고 태양계는 태양을 중심으로 지구를 비롯한 여러 개의 행성(行星)들에 속해 있고, 각 행성에 달과 같은 위성(衛星)들도 속해 있습니다.

천문학자들은 빅뱅 직후뿐 아니라 오늘날에도 새로운 별이 생성되기도 하고, 존재하던 별이 소멸되기도 한다고 설명합니다. 우주 전체가 지속적으로 변화하고 있다는 것입니다. 과학자들은 존재하던 별이 폭발해 소멸되는 과정에서 수소와 헬륨의 원자들이 핵융합되어 다양한 화학 원소(元素)들이 형성된다고 설명합니다.

3) 물질(物質, matter)

우주는 물질과 에너지로 구성되어 있습니다. 우주의 기본적 구성 원료인 물질은 일정한 공간을 점유하는 부피와 질량을 가집니다. 이러한 물질들은 원소로 구성되어 있습니다.

(1) 물질의 원소(元素, element)

태양보다 25배 큰 별은 수백만 년 동안 수소(hydrogen)를 태우면서 빛을 낸 다음, 50만 년 동안 헬륨(helium)을 소진하면서 빛을 냅니다. 그 결과 별의 핵은 계속 수축되고 온도는 높게 올라가면서 원소들이 핵융합되어 새로운 원소가 됩니다. 그다음 600년 동안 6개의 양성자를 가진 탄소(carbon)를 태우고, 6개월 동안 양성자가 8개인 산소(oxygen)를 태우며, 하루 동안 규소(silicon)를 태웁니다. 마침내 별의 중심이 26개의 양성자를 가지고 있는 철로 가득 차게 되면 핵융합은 더 이상 진행되지 않습니다. 그러다가 어느 순간 별이 붕괴되어 우주 공간에 퍼지는 이른바 초신성 폭발이 일어나게 됩니다. 이때 별은 특별히 더 빛나면서 철보다 양성자를 더 많이 가지는 여러 종류의 원소들이 핵융합되어 우주 공간에 분산됩니다. 천문학자들은 예수님이 베들레헴에서 탄생하셨을 때 동방 박사들이 관찰한 별이 초신성이었을 것이라고 말합니다.

① 다양한 원소들

우주는 수소와 헬륨이 98퍼센트, 그 나머지 2퍼센트가 다른 원소들로 이루어졌다고 합니다.

과학자들이 지금까지 알아낸 원소는 118개라고 하는데, 그중 원소 번호 92번인 우라늄(uranium)은 원자력 발전소의 에너지원으로 선용(善用)되기도 하고 원자 폭탄의 재료로 악용(惡用)되기도 하는 물질입니다. 우라늄에는 동위 원소(同位元素)가 많습니다. 동위 원소는 원자핵에 들어 있는 양성자(陽性子)의 수는 같지만 중성자(中性子)의 수가 다른 원소를 말합니다. 양성자 수와 중성자 수를 합한 것을 질량수라고 말합니다. 양성자 수가 같으면 화학적 성질이 같습니다. 질량수가 다르면 물리적 성질이 다릅니다. 그러니까 동위 원소란 화학적 성질은 같지만 물리적 성질이 다른 원소를 말합니다. 우라늄의 동위 원소들이 핵폭발의 재료입니다.

원소들은 매우 신기합니다. 예를 들면 수소와 산소는 기체입니다. 그러나 수소와 산소가 결합된 물은 액체입니다. 탄소의 동위 원소를 생명 활동의 간접 증거로 보기도 합니다.

오늘날의 과학자들은 우주의 여러 가지 현상들이 이 빅뱅 이론으로 설명된다고 주장합니다. 그리하여 천문학자들은 최근에 이르러 우주의 시초에 관한 빅뱅 이론을 정설(定說)로 인정하고 있습니다.

(2) 물질의 기본적 힘

물질은 네 가지 기본적 힘에 의해 상호 간에 물리 화학적 변화를 일으킵니다.

① **중력**(重力, gravity)

뉴턴이 발견한 만유인력으로 알려진 힘입니다. 질량이 클수록 그리고 거리가 가까울수록 중력이 크다고 합니다. 우주가 팽창할 때에도 이 중력에 의해 천체들이 흩어지지 않고 특정한 질서를 보존하게 됩니다. 또한 중력에 의해 지구 위의 모든 물체가 지구에서 떨어져 나가지 않습니다.

② **전자기력**(電磁氣力, electromagnetic force)

전하(電荷, electric charge)를 가진 물체 사이에 작용하는 힘으로, 전기나 자기에 의한 힘을 통틀어 일컫는 말입니다.

③ **강한 핵력**(electro strong force)

소립자들이 약 10^{-15}m의 가까운 거리에서만 작용하는 힘입니다. 중력이나 전자기력보다 강한 힘이라는 뜻으로 붙여진 이름입니다. 쿼크(소립자를 구성하고 있다고 생각되는 기본적인 입자)들을 결합하거나 양성자와 중성자가 결합해 원자핵을 형성하는 힘입니다.

④ **약한 핵력**(electro weak force)

원자핵이나 소립자들의 상호 작용으로, 소립자를 다른 소립자로 변화시키는 힘입니다. 방사성 붕괴에 의해 작용해 가벼운 입자를 지배하는 근거리의 힘으로, 입자의 붕괴를 일으켜 방사능의 원인이 됩니다. 강한 핵력보다는 약한 힘이어서 붙여진 이름입니다.

(3) 에너지

태양과 항성들은 빛과 열과 에너지의 원천입니다. 에너지의 종류는 다양한데, 중력에 의한 위치 에너지, 전기 에너지, 지열 에너지, 태양 에너지, 원자력 에너지, 석유, 석탄, 천연가스 등에 의한 열에너지 등이 있습니다. 에너지는 모두 근본적으로 물질에서 나오는 힘입니다.

수력 발전소나 조력 발전소는 위치 에너지를 활용해 전기를 생산합니다. 지하철, 고속 철도(KTX) 등은 전기 에너지를 활용해 움직입니다. 태양 에너지나 원자력 에너지는 발전소에서 활용합니다. 열에너지는 선박, 비행기, 자동차, 기차, 아파트 등에서 활용합니다.

물질의 네 가지 기본적 힘과 에너지를 통틀어 물리력이라고 말합니다.

물리력은 눈에 보이지 않습니다. 그러나 인간은 그 작용의 현상을 통해 그 존재를 알고, 다양한 용도로 활용합니다.

(4) 전기의 힘

전력은 빛과 열과 에너지를 발산합니다.

현대인의 일상생활은 한순간이라도 전기가 없어지면 완전히 마비됩니다. 그런데 전기는 흐르고 있어도 눈에는 보이지 않기 때문에 감전 사고가 자주 일어납니다. 전압이 높은 전류에 감전되면 생명이 매우 위험해집니다.

① 전력을 생산하는 발전소

전력을 생산하기 위해 사용하는 힘의 종류는 다양합니다. 강물을 사용하는 수력 발전소, 연료를 태워서 얻는 화력 발전소, 바람의 힘을 사용하는 풍력 발전소, 바다의 조류를 이용하는 조력 발전소, 태양열을 이용하는 태양광 발전소, 원자력을 이용하는 원자력 발전소 등입니다.

② 전력으로 작동하는 기계들

전기가 없으면 도시 전체는 깜깜한 암흑 세계가 됩니다. TV, 라디오, 냉장고, 휴대폰, 밥솥, 선풍기, 세탁기 등 온갖 종류의 가전 제품들이 전기로 작동됩니다. 고층 건물의 승강기, 에스컬레이터, 지하철, 고속 철도 등 교통수단들도 전기로 움직입니다.

병원에서 사용하는 모든 종류의 의료 기기들, 치과나 안과에서 사용하는 특수 의료 장비들 그리고 영상 의학과에서 사용하는 컴퓨터 단층 촬영기(CT), 자기 공명 영상기(MRI) 등도 모두 전기로 작동됩니다. 은행이나 정부 기관 등에서 사용하는 컴퓨터 등 모든 종류의 전산 기기들도 전기로 작동됩니다.

자동차나 전기 제품도 전기가 없으면 전혀 사용할 수 없고, 생산 공장들도 전기가 없으면 작업을 할 수가 없습니다.

(5) 물질이 존재하는 상태

지구 상의 물질은 고체, 액체, 기체의 상태로 존재합니다. 지구에 존재하는 물은 평상 온도에서는 액체지만 뜨거워지면 수증기(기체)가 되고 차가워지면 얼음(고체)이 됩니다. 철도 평상시에는 고체지만 고온에서는 액체로 존재합니다. 이와 마찬가지로 지구의 평상 온도에서는 기체 상태로 있는 산소나 공기도 질량과 부피가 있는 물질입니다.

이온 핵과 자유 전자로 이루어진 입자들의 집합체 상태로 존재하는 것을 플라스마 상태라고 하는데, 지구에서는 플라스마 상태가 드물지만 우주에서는 거의 모든 물질이 플라스마 상태로 존재한다고 합니다.

(6) 물체

우리가 사용하는 모든 물체는 물질로 이루어져 있습니다. 물체(物體)는 질료(質料, materia)와 실체 형상(實體形相, forma substantialis)으로 구성되어 있습니다.

물질은 물체를 이루는 실질(實質) 재료입니다. 예를 들면 쇳덩어리는 물질인 재료고, 쇳덩어리를 녹여서 만든 온갖 종류의 기계나 가재도구 등은 물체입니다. 물체를 도구로 사용할 때 물건이라고 말합니다.

물질의 크기나 겉모습에 중점을 둘 때는 물체라고 말하지만, 그 물체를 이루는 재료에 중점을 둘 때는 물질이라고 말합니다.

2. 우주에 존재하는 질서[秩序, ordo(라틴어), order(영어)]

전기는 눈에 보이지 않습니다. 그러나 감전 사고가 나면 그곳에 전류가 흐르고 있음을 알게 됩니다. 가정에 공급되는 전기는 감전 사고가 나더라도 전압이 낮아서, 감전자가 깜짝 놀라는 정도로 일이 마무리됩니다. 그러나 전력을 먼 거리로 보내는 송전탑의 전기는 송전하는 도중에 전력의 소비를 최소화하기 위해 높은 전압으로 전류가 흐릅니다. 지하철이나 고속 철도에서 사용하는 전류도 전압이 높습니다. 높은 전압의 전기에 감전되면 사람이 죽습니다. 감전 사고의 정도를 보면 그곳에 어느 정도의 전압으로 전류가 흐르고 있는지도 알 수 있습니다.

전기가 전등에 흐르면 빛이 나옵니다. 또한 전열기에 흐르면 열을 내고, 전동차에 흐르면 육중한 전동차가 움직입니다. 즉 전기는 하나지만 빛도 내고 열도 내며 동력도 낸다는 것을 사람이 인식하고, 활용하고 있습니다.

하느님은 우리 눈에는 보이지 않습니다. 그러나 우주 만물의 존재가 그것들을 존재하게 한 근본 원인이 없을 수 없음을 증명합니다. 그리고 우주 만물의 질서는 그것을 존재하게 한 창조주의 위대한 능력을 짐작하게 합니다.

엄청난 천체들의 질서나, 오밀조밀한 꽃의 아름다움이나, 인체의 신묘한 구조를 알면 알수록 하느님의 위대한 전능에 감격할 수밖에 없습니다. 하느님은 한 분이시지만 우주 만물을 창조하신 하느님을 인간 편에서 하느님 아버지라 부릅니다. 인류를 죄에서 구원하시어 하느님 품 안에서 영원히 살게 하기 위해 사람이 되신 하느님을 예수 그리스도라고 부릅니다. 생명을 주시고 선행의 활력이 되는 은총을 주시는 하느님을 성령이라고 부릅니다.

1) 인과율, 인과의 상응률

시간과 공간의 제한을 받는 피조물인 인간은, 시간과 공간을 초월해 존재하시는 창조주 하느님을 자신의 본성적 능력만으로는 알 수 없습니다. 다만 이성을 가진 인간이 우주 만물의 질서를 보고 우주를 창조하신 하느님의 존재를 추리할 수 있습니다. 그리고 하느님의 계시에 따라서 인간은 하느님의 존재를 확실히 인식하고 믿을 수 있습니다.

오늘날에도 과학자들은 빅뱅의 순간이나 그 직전에 무슨 일이 있었는지, 빅뱅이 어떤 원인으로 일어났는지 모릅니다. 또한 아무것도 없었던 우주에 빅뱅을 일으킨 그 작고 응축된 에너지 덩어리가 생긴 원인이 무엇이었는지 아직도 설명하지 못합니다.

원인 없는 결과는 없다는 것을 누구나 압니다. 원인은 자기 능력, 행동, 작용으로 무엇을 하는 것입니다. 이것은 능동적입니다. 결과는 그 원인의 작용에 의해 무엇이 되는 것입니다. 이것은 수동적이고 피동적입니다. 내가 의자를 저리로 옮겨 놓았다면 의자가 옮겨진 원인은 나이며, 의자가 옮겨진 것은 내 행동의 결과입니다. 결과가 있으면 반드시 그 원인이 있다는 법칙이 '인과율'입니다.

(1) 우주의 근본 원인

우리 지구가 속해 있는 은하만 하더라도 상상할 수 없을 만큼 엄청나게 큽니다. 그런데 이렇게 큰 은하가 1천억 개 이상 우주에 존재한다고 합니다. 이처럼 인간의 상상력을 초월하는 크나큰 우주의 모든 물질과 에너지가 어떻게 지극히 작은 에너지 알갱이로 응축될 수 있었는지 우리는 도저히 상상할 수가 없습니다.

그러한 일이 어떻게 가능했는지 과학자들도 아직 설명하지 못합니다. 그리고 그 에너지 알갱이가 존재하게 된 원인이 무엇인지, 또 폭발하게 된 원인이 무엇인지에 대해서도 과학자들은 설명하지 못하고 있습니다.

지극히 작은 에너지 알갱이가 우연히 생겨났을까요? 그것이 존재하게 된 원인이 없을 수는 없습니다. 그 원인은 참으로 위대할 것입니다. 또 그 에너지 알갱이가 무슨 원인으로 폭발했을까요? 그에 상응하는 원인도 대단해야 하지 않겠습니까?

또 폭발 직후 오늘의 우주만큼 급팽창을 하게 된 원인은 무엇일까요? 그 원인은 인간의 상상력을 초월하는 엄청난 힘이었을 것입니다. 그렇다면 물질이 그러한 힘을 갖게 된 원인은 무엇일까요?

결과가 있으면 반드시 그 원인이 있습니다. 결과의 상태에 따라 그에 상응하는 원인이 반드시 있어야 한다는 것을 모르는 사람은 없습니다.

(2) 원인과 결과의 상응률

사과나무에서 밤은 결코 열리지 않습니다. 사과나무에는 언제나 반드시 사과만 열립니다. 사과나무라는 원인이 실질적 작용을 하여 사과라는 결과를 맺는 것입니다. 이처럼 원인과 결과에는 반드시 실질적 관계가 존재합니다. 원인과 결과에는 반드시 상응성이 있습니다. 이 법칙을 인과의 '상응률(相應律)'이라고 말합니다.

예를 들어 예술가의 작품을 보면 그 창작자의 지능 정도, 관찰력, 학식, 비판력, 표현 능력 등을 평가할 수 있습니다.

138억 년 전에 빅뱅을 일으킨 작은 응축된 에너지 덩어리가 우연히, 저절로 생겨났을 수는 결코 없습니다. 더구나 그 작은 에너지 덩어리에 1천억 개의 1천억 배가 넘는 천체들이 응축되어 있었다고 하는데, 그러한 에너지 덩어리를 존재하게 할 만큼 무한대한 능력을 지닌 분이 계시지 않았다면 어떻게 빅뱅이 일어날 수 있었겠습니까?

그리고 어떤 원인에 의해 존재하게 된 것은 시간과 공간 안에서 변화하다가 결국에는 소멸된다는 것이 우주의 근본 원리입니다. 우주가 138억 년 전에 존재하기 시작했다면 우주는 결코 영원히 존재할 수 없습니다. 다만 현재 팽창하고 있는 우주가 언제까지 계속 팽창할 것인지, 궁극적으로 우주가 극도로 팽창해 폭발하거나 멸망할 때가 언제 올 것인지 과학자들이 모르고 있을 뿐입니다.

20세기에 이르러 과학자들은 원자력을 발견하고 이것을 활용해 핵 발전소나 원자 폭탄을 만들었습니다. 눈에 보이지 않는 원자핵 속에 그처럼 엄청난 에너지가 숨겨져 있다는 사실을 보통 사람이 어찌 상상이나 할 수 있었겠습니까? 또한 원자핵에 그처럼 엄청난 에너지가 내재하고 있는 근본적 근원, 즉 근본 원인이 무엇입니까?

우주에 존재하는 물리 법칙을 과학자들이 알아낸 것은 바로 이 인과율과 인과의 상응률에 근거하는 추리로 얻은 각고의 연구 결과입니다.

(3) 미완성 우주와 하느님의 섭리

생물체뿐만 아니라 우주 전체도 진화합니다. 138억 년 전에 빅뱅으로 시작된 우주는 잠시도 멈추지 않고 끊임없이 변화하고 있습니다.

기존의 별이 소멸되는 한편 새 별이 생성됩니다. 기존의 생명체가 멸종되는 반면에 새로운 생명체가 나타납니다. 없던 것이 있게 될 수도 있고, 다시 없어지게 될 수도 있는 것이 피조물들입니다. 각 사람의 인생도 그러하고 모든 동식물도 그러합니다. 사람이 만드는 온갖 종류의 생산품들도 마찬가지입니다.

진화하는 우주는 그 안에 무질서와 고통이 있음에도 불구하고 아름답습니다. 그 아름다움은 우주의 모든 것이 수렴되는 궁극적 목적이며 창조주의 약속입니다.

우주는 단번에 완성된 것이 아니며, 지금도 생성되는 과정에 있습니다. 우주가 미완성이고, 생물도 진화 중에 있는 것은 모두 다 피조물이기 때문입니다.

스스로 영원히 존재하는, 절대적으로 완전한 창조주가 만든 피조물은 창조주와 다를 수밖에 없습니다. 따라서 피조물의 본질적 속성은 시간과 공간의 제약을 받는 불완전하고 유한한 존재라는 것입니다. 그러므로 모든 피조물은 완성된 것이 아니라 궁극적인 완성을 향해 가는 도상(途上)에 있는 존재일 수밖에 없습니다.

하느님은 우주를 단순한 기계나 당신의 분신처럼 만들지 않으셨습니다. 그 까닭은 모든 피조물이 아직 성취되지 않은 미래를 향해 나아가는 동안에 창조주 하느님이 피조물들을 사랑으로 다스리시고 보살펴 주실 것이기 때문입니다.

우주 만물은 고유의 선과 완전성을 가지고 있기는 하지만, 창조주의 손에서 완결된 상태로 창조된 것은 아닙니다. 만물은 하느님께서 정해 주신, 궁극적인 완성을 향한 '진행의 상태'로 창조되었습니다. 피조물을 이러한 완전으로 이끄시는 하느님의 배려를 하느님의 섭리라고 말합니다.

시간과 공간을 초월하는 하느님은, 항상 현재로서 만물을 창조하시며 섭리하십니다. 하느님은 당신께서 창조하신 모든 것을 섭리로 보호하시고 다스리십니다.

피조물의 자유로운 행동에 의해서 발생하게 될 것까지도 '하느님의 눈앞에는 모든 것이 다 드러나게 마련'입니다(히브 4,13 참조).

2) 질서

(1) 물질의 질서

밤하늘을 쳐다보면 셀 수 없을 만큼 무수한 별들이 반짝이고 있습니다.

시인들은 아름다운 별을 보고 영감을 얻어서 많은 사람들에게 감동을 주는 시를 발표하고 있습니다. "자손을 하늘의 별들만큼 많게 해 주겠다."(창세 15,5 참조)라는 하느님의 말씀은 사람이 받을 수 있는 축복 중에 가장 큰 축복입니다.

이 우주는 10^{26}m 이상이어서 우리가 상상할 수 없을 만큼 크기 때문에 그것을 볼 수 있는 사람은 아무도 없습니다. 1초에 약 30만 km 가는 빛이 1년 동안 가는 거리, 다시 말해 약 10^{16}m를 1광년이라고 말합니다. 그러니까 우주의 크기는 100억 광년 이상입니다.

공간의 개념이 없으면 우주의 질서가 정연하다는 진실을 알 수 없을 것입니다. 만일 우주에 시초부터 오늘날까지 일정한 팽창 속도를 유지하는 질서가 없었다면 우주의 시초가 언제인지 알 수 없었을 것입니다.

과학자들은 물질을 구성하는 기본 요소를 원자라고 생각했습니다. 원자는 육안으로 볼 수 없는 아주 작은 입자입니다. 원자의 크기는 10^{-10}m입니다. 20세기에 이르러 원자를 구성하는 더 작은 기본적 입자들이 있음을 알게 되었습니다. 즉 양전기를 띤 원자핵과 음전기를 띤 전자가 있다는 것입니다. 마치 지구가 중력(만유인력)에 의해 태양 주변을 돌고 있듯이, 음전기를 띤 전자가 양전기를 띤 원자핵에 이끌려 그 주변을 돌고 있다는 것입니다. 원자핵의 크기는 10^{-15}m라고 하는데, 이는 사람의 감각 능력으로는 볼 수도 없고 느낄 수도 없을 만큼 작은 입자입니다.

1930년대에 원자핵에는 전기를 띠지 않은 중성자도 있고 양의 전하를 띠는 양성자도 있음이 알려졌습니다. 인간은 이러한 이론을 바탕으로 원자핵 에너지를 사용하게 된 것입니다.

우주에는 우주 팽창의 속도를 비롯해 모든 물질이 질서 있게 배치되어 있습니다. 이러한 질서는 물질에서 우연히 생겨났을 리는 없습니다. 우주의 모든 천체들이 질서 정연하게 움직이는 법칙이 있을 수밖에 없다는 것입니다. 그러한 법칙 중에 물질의 질서에 대해 과학자들이 알아낸 것을 물리 법칙(物理法則, physical law)이라고 말합니다. 이러한 물리 법칙에 따라 물리학, 화학 등의 학문이 성립되고 발전할 수 있었습니다. 만일 우주에 물리 법칙에 따른 질서가 없었다면 자연 과학이 성립될 수 없었을 것입니다.

질서란 여러 가지 물건이 일정한 법칙에 의해 통제되고 조화를 이루며 각각 자기의 일을 하는 동시에, 다른 것과 일정한 관계를 맺고 다 함께 전체의 일을 하고 있는 그 정연한 상태를 말합니다.

(2) 인체의 질서

우주의 축소판이라고 일컬어지는 인체를 살펴봅시다. 인체는 100조 개의 세포들이 220가지 기관들로 정교하게 조직되어 있는 생물체입니다. 구강, 식도, 위, 소장, 대장, 간장, 췌장 등 여러 기관들은 각각 자기 일을 하면서도 제 이웃 기관들과 관계를 맺고 조화를 이루어 다 함께 소화계를 형성하고 있습니다. 또 심장, 동맥, 정맥, 모세 혈관 등은 같은 모양으로 순환계를 이루고 있습니다. 또 비강, 후두, 기관지, 폐, 늑막 등은 같은 모양으로 호흡계를 이루고 있으며, 대뇌, 소뇌, 연수, 척수, 각종 신경 등은 신경계를 이루고 있습니다. 이 여러 계들이 각각 자기 일을 하고 있는 동시에 다른 계와 일정한 관계를 맺고 조화를 이루어 다 함께 전체가 되고, 다시 전체의 일을 하고 있습니다. 생리학의 지식이 깊을수록 신체 질서의 오묘한 신비에 감탄하지 않을 수 없습니다.

눈, 코, 입, 귀가 있어야 할 제자리에 질서 있게 있을 때 얼굴이 아름답게 보이고 제 기능을 제대로 발휘하게 됩니다. 신체의 무질서는 장애, 불구, 질병의 바탕이 됩니다.

3) 영원법[永遠法, lex æterna(라틴어), eternal law(영어)]

(1) 영원법의 의의

시간과 공간이 창조되기 전부터 창조주께서 계획하시고 우주 창조 때에 설정하신 질서를 영원법이라고 말합니다. 우주를 창조하시고 다스리시는 하느님이 우주 만물의 본성과 운동을 규정하는 질서가 영원법입니다. 우주 만물의 질서는 영원법에 따른 것입니다. 시간과 공간이 있기 전부터 존재한 법이기 때문에 영원법이라고 말합니다.

하느님은 만물을 창조하시면서 각 피조물에게 본성을 부여해 주셨습니다. 각 피조물이 그 본성에 맞는 방법으로, 그의 목적인 하느님을 지향하도록 하느님이 영원으로부터 설정하신 질서가 영원법입니다.

성경에는 하느님이 우주 만물을 질서 정연하게 창조하셨으므로 보시기에 좋았다고 쓰여 있습니다(창세 1-2장 참조). 창조주가 피조물에게 부여한 임무와 목적을 달성하기에 알맞은 자리에 그 피조물이 있는 것이 질서입니다. 사물이 제자리에 가지런히 있을 때 질서 정연하다고 말합니다. 질서가 정연할 때 보기에 아름다울 뿐만 아니라 사물이 제 기능을 발휘하고 부여받은 목적을 성취할 수 있습니다.

어떤 상품이든 구매자의 눈에 잘 띄도록 종류별로 가지런히 질서 있게 정리되어 있어야 장사가 잘 됩니다. 아무리 좋은 상품이라고 해도 쓰레기 더미처럼 뒤죽박죽 무질서하게 쌓아 놓으면 구매자들이 거들떠보지도 않을 것입니다.

우주의 질서 정연한 아름다움에 감탄하는 인간은 우주의 시작이요 마침이신 하느님의 존재를 인식할 수 있습니다.

(2) 영원법의 인식

영원법은 하느님이 알려 주시기 전에는 어느 누구도 인식할 수 없습니다. 하느님의 실체를 볼 수 없는 인간은 그 누구도 영원법의 본질을 알 수 없습니다.

하느님은 이 영원법을 두 가지 방법, 즉 자연적 방법과 초자연적 방법으로 인간이 알게 하셨습니다. 각 피조물의 본성에 새겨진 영원법을 인간이 자연적 이성으로 탐구해 인식한 것이 자연법입니다. 하느님께서 영원법의 일부를 초자연적 계시로써 인간에게 알려 주신 것을 성경에 기록한 것이 하느님의 실정법입니다. 모세에게 계시하신 십계명이 그 예입니다.

자연법과 하느님의 실정법을 총칭해 하느님의 법이라고 부릅니다. 자연법은 사람이 글로 쓰지 않은 하느님의 불문법(不文法)입니다. 성경에 쓰인 하느님의 법은 사람이 글로 써 놓은 하느님의 성문법(成文法)입니다. 인간이 인식한 영원법의 일부를 자연법이라고 말합니다. 자연법은 인간의 모든 실정법[實定法, lex positiva(라틴어), positive law(영어)]의 근원이고 바탕입니다.

비유로 말하면, 영원법은 땅속에 감춰진 나무의 뿌리고, 자연법은 그 나무의 중심 줄기며, 여러 계통의 실정법들은 그 나무의 가지들입니다.

4) 자연법[自然法, lex naturalis(라틴어), natural law(영어)]

(1) 자연법의 의의

영원법은 하느님 섭리의 계획입니다. 따라서 절대적으로 완전합니다. 영원법은 우주의 물질적 질서와 정신적 질서의 원천입니다. 영원법 중 일부를 인간이 이성으로 인식한 것을 자연법이라고 말합니다. 자연법은 인간 이성에 찍어 놓은 영원법의 복사본입니다. 영원법은 완전무결하지만 인간이 인식한 자연법은 불완전합니다. 인간의 이성이 불완전하기 때문입니다. 인간은 자연법을 인식하면서 자연스럽게 하느님의 존재를 인식하게 됩니다.

우주 전체의 물질적 질서 중에 인간이 이론 이성으로 알아낸 질서를 물리 법칙(物理法則, physical law)이라고 말합니다. 그리고 인간에게만 해당하는 정신적 질서에 관해 인간이 실천 이성으로 알아낸 것을 윤리 법칙(倫理法則, moral law)이라고 말합니다.

이론 이성(理論理性, speculative reason)은 주로 인과 관계를 취급하고, 사실과 사실 관계를 취급합니다. 그 목표는 진(眞)입니다.

실천 이성(實踐理性, practical reason)은 주로 목적과 수단을 취급하고, 가치와 그 상호 간의 중요성과 목적의 선정과 수단의 결정을 취급합니다. 그 목표는 선(善)입니다.

(2) 물리 법칙

물리 법칙은 물질과 관련된 자연법입니다. 천체뿐 아니라 생물이나 사람의 신체도 물질이기 때문에 물리 법칙이 적용됩니다. 물리 법칙은 만물이 반드시 행해야 하는 하느님의 명령입니다. 인간은 어느 누구도 물리 법칙을 어길 수 없습니다. 물리 법칙에는 선택의 요소가 없고, 따라서 선악의 요소도 없습니다.

예를 들어, 중력의 물리 법칙을 어기고 건물을 지으면 삼풍백화점처럼 무너져 버립니다. 불은 물질을 태웁니다. 불은 사람에게 유용할 때도 있고, 재앙을 가져올 때도 있습니다. 요리를 할 때는 유용하지만, 화재가 났을 때에는 재앙입니다.

21세기에 이르러 자연 과학자들이 알아낸 물리 법칙을 활용하는 과학 문명과 물질 문명이 눈부시게 발전했습니다. 오늘날 인류는 컴퓨터라는 기계에 전적으로 의존하고 있습니다. 컴퓨터가 고장이 나면 대혼란이 야기됩니다. 또한 청소년들은 스마트폰의 노예처럼 살고 있습니다.

① 질량 보존의 법칙

물질의 기본 구성 요소인 원소의 본성은 질량입니다. 이 원소는 화학 변화가 일어나도 물질의 질량이 증감되지 않고 보존됩니다. 이 기본 법칙을 질량 보존의 법칙(質量保存의 法則, law of mass conservation)이라고 말합니다.

예를 들면 기체인 산소와 수소가 결합하면 액체인 물이 됩니다. 물은 산소나 수소의 성질을 갖지 않는 다른 물질입니다. 산소와 수소의 질량과 그 화합물인 물의 질량은 동일한데, 이것을 바로 질량 보존의 법칙이라고 부릅니다.

물리학과 화학에서는 물질이 입자의 성질과 동시에 파동의 성질을 갖는다는 사실을 발견했습니다. 이와 같이 입자와 파동의 성질이 동시에 존재하는 것을 물질파라고 합니다.

② 에너지 보존의 법칙

에너지는 질량이 없기 때문에 물질이라고 말하지 않습니다. 에너지는 열, 전기, 빛 등으로 분류됩니다. 에너지는 부피가 없어서 눈에 보이지 않지만, 다만 가시광선은 보입니다.

전기는 전열기를 통해 열을 내고, 전등을 통해 빛을 내며, 에너지를 내어 지하철을 움직입니다. 수력 발전소나 조력 발전소는 물의 위치 에너지를 전기로 바꾸는 장치이며, 풍력 발전소는 공기의 흐름을 전기로 바꾸는 장치입니다. 태양광 발전기는 태양빛을 전기로 바꾸는 장치입니다. 이처럼 태양, 바람, 파도, 지열(地熱) 등을 이용해 재생 에너지를 얻습니다. 이러한 재생 에너지는 환경 오염이 적고, 무한정 쓸 수 있는 에너지입니다. 전기는 열도 되고, 빛도 되고, 에너지도 됩니다. 물의 위치 에너지가 전기로 바뀌고 또 바람이나 태양광이나 지열이 전기로 바뀌는 경우에도 에너지 전체는 증감이 없이 보존됩니다. 에너지에는 운동 에너지, 위치 에너지, 열에너지, 전기 에너지 등 여러 형태가 있는데 이들은 상호 전환될 수 있고, 이때 에너지의 총화(總和)는 일정합니다. 이것을 에너지 보존의 법칙(law of conservation of energy)이라고 합니다.

(3) 윤리 법칙

물리 법칙이나 윤리 법칙이나 다 법칙입니다.

자연법은 이성적 피조물인 인간이 영원법의 일부분을 파악한 것입니다. 인간의 이성은 하느님의 이성적 명령에 완전히 참여할 수 없고 불완전하게 참여할 뿐입니다.

윤리 법칙은 인간이 마땅히 따라야 하는 하느님의 명령입니다. 물리 법칙에는 선택의 요소가 없으나 윤리 법칙에는 선택의 요소가 있습니다.

윤리 법칙은 이성적 피조물인 인간의 자유와 직결되는 자연법입니다. 자유를 행사하는 인간은 자기가 선택한 행위에 대해 책임을 집니다. 이것이 선이나 악의 문제입니다. 인간이 자유를 행사해 윤리 법칙을 지키는 것은, 하느님의 뜻을 실천해 자기와 이웃에 선익이 되는 행위이기 때문에 선행이라고 말합니다. 그와 반대로 윤리 법칙을 어기는 것은, 창조주 하느님의 뜻을 거슬러 본인과 이웃에게 해악을 끼치는 행위이므로 악행이라고 말합니다. 따라서 윤리 법칙은 사람이 선을 행하고 악을 피해야 된다는 이성의 명령을 지키기 위한 법칙입니다.

이성적 피조물인 인간의 본성은 질서 있는 행동의 원리입니다. 인간은 이 원리에 의해 이성적으로 행동합니다. 영원법은 인간의 본성에 맞는 가장 완전한 질서를 제시합니다.

예를 들면 진실을 거슬러 거짓 증언을 하지 말라는 윤리 법칙이 있습니다. 거짓 증언을 하지 말라는 이 윤리 법칙은 인간이 선택할 수 있는 것처럼 보입니다. 그러나 윤리 법칙을 어기는 경우에는 양심에 손상을 입습니다. 마치 물리 법칙을 어기고 불 속에 손을 넣으면 화상을 입는 것처럼,

윤리 법칙을 어기면 양심에 손상을 입는 것입니다.

도둑이나 사기꾼이 범죄를 짓고 도망치더라도 잡힐 때까지 안심하고 잠을 잘 수 없다는 것을 누구나 압니다. 범죄에 대한 공소 시효가 임박한 죄인이 잡혔을 때 "이제야 안심이다." 하고 실토했다는 신문 기사가 크게 난 적이 드물지 않습니다.

① 정신이 건전한 사람의 행위

물리 법칙과 윤리 법칙의 실체를 아는 것은 중요합니다. 그 실체에 따라서 행하는 것이 정기[正氣, sanitas(라틴어), sanity(영어)]입니다. 즉 정신이 건전한 사람은 불 속에 손을 넣지 않습니다. 이와 마찬가지로 정신이 건전한 사람은 결코 거짓 증언을 하지 않습니다. 다시 말하면 물리 법칙을 어길 자유가 아무에게도 없는 것과 마찬가지로, 올바른 이성을 가진 사람은 윤리 법칙을 어기는 행위를 자유의사로 선택하지 않습니다.

인간은 지능과 자유 의지가 있어서 만물을 다스리는 지배자로 군림하고 있습니다. 만일 인간에게 자유 의지를 통제하는 윤리 법칙이 없다면 인간은 무소불위(無所不爲)의 폭군이 되어 자연 파괴를 감행하면서 우주의 균형을 무너뜨릴 것입니다. 창조주 하느님은 인간에게 양심을 넣어 주시어 선악을 분별해 선을 행하고 악을 피하도록 명하십니다. 이 양심의 명령을 윤리 법칙, 혹은 자연법이라고 말합니다.

동물은 선이나 악을 선택할 능력이 없고 본능에 따라서만 행동합니다. 따라서 동물은 자신의 행동에 대한 책임이 없습니다. 그러나 하느님은 이성적 피조물로 창조된 인간에게는 양심을 주셨고, 도덕률을 지킬 능력도 주셨으며, 선이나 악을 선택할 능력도 주셨습니다. 윤리 법칙을 따라 창조주의 뜻을 받드는 것이 선이고, 창조주의 뜻을 어기는 것이 악입니다.

선이나 악을 선택할 수 있는 능력을 자유라고 말합니다. 그런데 이 자유에는 책임이 따릅니다.

인간은 윤리 법칙에 따른 질서를 자유 의지로 지킴으로써 그의 최후 목적인 하느님께 도달할 수 있습니다.

(4) 예술 법칙

물리 법칙과 윤리 법칙 그리고 미술, 음악, 건축 등에 관한 예술 법칙을 통틀어 자연법이라고 부릅니다. 인간이 제정한 법이 아니고 창조주가 정한 법이라는 뜻입니다.

성경에는 "하느님께서 보시니 손수 만드신 모든 것이 참 좋았다."(창세 1,31)라고 쓰여 있습니다. 아름다움은 질서에서 나오는 것이어서, 무질서는 아름답지 않습니다. 예술 법칙은 미와 직결되는 것입니다.

음악가는 자기 마음대로 작곡할 수 없습니다. 명곡을 작곡하려면 반드시 화음 법칙을 지켜야 합니다. 이 화음 법칙은 사람이 정한 것이 아니라 자연법의 일부입니다.

건축가는 길이와 넓이와 높이에 대해 조화롭고 균형이 맞는 황금 비율을 지켜야 걸작을 만들 수 있습니다. 이 황금 비율 역시 사람이 정한 것이 아니라 자연법의 일부입니다. 건축가는 건축물이 태풍이나 지진에 견딜 수 있도록 물리 법칙을 지켜서 건물을 지어야 합니다. 따라서 건축가에게는 자연법을 어길 자유가 없습니다.

평면에 그림을 그리는 화가는 입체감을 나타내기 위해 원근법(遠近法)과 명암법(明暗法)을 사용합니다. 이 원근법과 명암법 역시 사람이 만든 것이 아니라 자연법의 일부입니다.

이러한 예술 법칙은 모든 사람이 공통으로 인정하는 보편적인 가치이며, 자연법의 일부입니다. 다만 예술 법칙을 어기면 걸작이 되지 않을 뿐이지, 죄가 되는 것은 아닙니다.

3. 생물과 생명 현상의 신비

1) 생물이 존재하는 지구

(1) 생물이 존재하는 조건

생물이 존재하기 위해서는 적어도 세 가지 전제 조건이 맞아야 합니다.

첫째, 생물이 존재하려면 다양한 원소들이 있어야 합니다.

생명과 상관없는 무기 물질은 매우 간단한 화학 원소들의 분자 상태로 존재합니다. 예를 들어 탄소 원자들이 느슨하게 결합된 분자들로 존재하는 물질이 흑연(黑鉛)입니다. 이와는 달리, 탄소 원자들이 강력한 열과 에너지로 매우 단단히 결합된 분자들로 존재하는 물질이 다이아몬드입니다. 같은 탄소로 이루어졌지만 흑연은 유연한 무기 물질이고, 다이아몬드는 가장 단단한 무기 물질입니다.

그 반면에 살아 있는 생물은 매우 복잡한 화학 원소들이 정교한 구조로 조직된 유기 물체의 상태로 존재합니다. 따라서 생물이 존재할 수 있으려면 생물에 필요한 매우 다양한 원소들이 있어야 하고, 여러 가지 원소들이 아주 색다르고 굉장히 정교한 화학 작용을 할 수 있는 환경이어야 합니다. 지구에는 어느 천체들보다 더 다양한 화학 원소들이 존재하며, 생명에 필수적인 탄소, 수소, 산소, 질소가 있고, 인과 황도 있습니다.

둘째, 생물이 존재하려면 적합한 에너지가 있어야 합니다.

에너지가 너무 강력하면 복잡한 분자들이 터져 손상됩니다. 그렇다고 에너지가 너무 적으면 원자들이 결합되는 데 필요한 에너지를 얻을 수 없습니다.

지구는 태양이라는 항성(恒星, fixed star)에 적당한 거리를 두고 있어서 생명체를 위해 적합한 에너지를 공급할 조건을 갖추고 있습니다. 지구에는 뜨겁고 융해된 지구의 핵으로부터 표면으로 올라오는 에너지도 있습니다.

셋째, 생명이 존재할 수 있으려면 물이 있어야 합니다.

원자들은 기체 상태에서 엄청나게 빠르게 움직이지만, 고체 상태에서는 거의 정지되어 있습니다. 액체 상태에서는 충돌하지 않고 움직일 수 있으며, 온갖 복잡한 형태로 쉽게 결합될 수 있습니다. 그래서 복잡한 원소들로 구성된 생물체가 살기 위해서는 반드시 액체 상태의 물이 필요합니다.

(2) 생명체가 존재하는 지구

생명체가 존재하기 위해 꼭 필요한 세 가지 전제 조건을 갖추고 있는 곳이 지구입니다. 지구는 에너지를 공급하고 빛을 내는 항성인 태양 주변을 적당한 거리에서 회전하고 있습니다. 그 행성(行星)인 지구의 표면 온도는 물이 액체 상태로 존재할 정도이기 때문에 생명체가 존재한다고 합니다.

어떤 행성에 생명체가 존재하려면 항성 주위를 회전하는 행성의 표면 온도가, 물이 액체 상태로 있을 만큼 적당해야 한다고 합니다. 이러한 조건에 맞는 행성은 아직까지 확인되지 않고 있습니다. 하지만 최근의 연구에 따르면, 우리 은하에 제2의 지구가 있을 가능성이 있는 행성이 200~300억 개가 있다고 추정됩니다(이영완·강동철, 〈조선일보〉, 2014년 1월 30일 자 참조).

그 많은 천체들 중에 생명체가 존재할 수 있는 조건이 구비된 별이 지구 외에도 있는지 없는지에 관해 아직까지 과학자들의 명쾌한 설명은 없습니다. 오늘날 생물학자들이 생물의 존재를 확인한 장소는 지구뿐입니다.

(3) 생물의 발전 단계

과학자들은 지구에 생물이 발전한 단계를 다음과 같이 말합니다.

38억 년 전에 심해 배출구(深海排出口, mid oceanic vent)에 가장 간단한 유기 분자들이 형성되었습니다.

35억 년 전에 원핵생물이 태양 에너지를 이용해 광합성을 하면서 증식되었습니다.

25억 년 전에 진핵생물(眞核生物, eucaryote)이 등장하고 원핵생물이 소멸되었습니다.

10억 년 전에 다세포 유기체가 나타났습니다.

4억 7천 5백만 년 전에 생물이 바다에서 육지로 올라왔습니다.

2억 5천만 년 전에 포유류가 지구 상에 나타났습니다.

10만~20만 년 전에 인간이 나타났습니다.

(4) 생물체의 구성 요소

지구 상에 존재하는 모든 생물체들도 궁극적으로는 무기물인 원소들로 구성되어 있고, 죽으면 흙으로 되돌아갑니다. 하등 생물체보다는 고등 생물체가 더 다양한 원소들로 구성되어 있습니다.

사람의 신체는 지구 상의 생물체 가운데 가장 다양한 원소들로 지극히 정교하게 조직되어 있습니다. 과학자들이 알아낸 118개 종류의 원소들 중에 90개 종류 이상의 원소들이 사람의 신체를 구성하고 있다고 합니다.

생물체는 죽은 후에는 물론이고 살아 있는 동안에도 생명이 없는 물질과 다름없이 물리 화학 법칙에 따른 반응을 일으킵니다. 생물체는 신진대사를 통해 생존하며 성장하고 증식하면서 살다가 죽습니다. 생물은 생존과 성장, 그리고 번식에 필요한 물질과 에너지를 보충해 주는 먹거리를 섭취해 자기 것으로 만들어야 살 수 있습니다. 또한 영양 물질을 섭취하고 동화 작용으로 화학 변화를 해 자기 몸통의 조직을 활성화합니다. 생물은 생명 현상을 일으키기 위한 에너지를 얻기 위해 이화 작용(생물의 조직에 들어온 물질이 분해되어 에너지원으로 쓰임)으로 자기 조직의 일부를 소모하면서 불필요한 생성물을 몸 밖으로 배출시키는 작용을 합니다. 이러한 생명 현상을 신진대사 또는 물질대사라고 말합니다.

살아 있는 동안 정교하게 조직된 신체의 모든 세포들은 쉴 새 없이 신진대사를 계속하다가 마침내는 죽고 썩어서 분해되어 원소들로 되돌아갑니다. 또 생물체에게는 병리 현상도 있습니다. 세균에 의해 조직 세포가 파괴되고 여러 가지 병리 현상을 일으키기도 합니다. 생물체의 여러 가지 화학 반응을 알아낸 인간은 식물, 동물, 인체를 포함한 모든 생물체의 병을 치료하기 위해 다양한 약물을 개발해 생물체의 건강을 회복하는 데 사용합니다.

2) 생명 현상

우주를 구성하고 있는 물질은 대부분이 무생물체입니다. 지구에 존재하는 생물체는 우주의 관점에서 보면 지극히 미소한 부분입니다. 생물체와 무생물체는 그 구성 조직, 작용, 행동, 결과가 본질적으로 다릅니다.

(1) 세포

무생물체는 전체 각 부분이 동일하게 구성되어 있습니다. 100개 이내의 원자들로 결합된 분자들의 배열이 균등합니다. 그러나 생물체는 여러 개의 유기 분자들이 결합된 세포들로 조직되어 있습니다. 유기체는 매우 복잡한 화학 원소들로 이루어져 있습니다. 생물체는 한 개체 안에서도 각 부분마다 그 구성 조직과 세포 조직이 서로 다릅니다. 생물의 세포 안에 있는 DNA가 생명 현상을 일으키는 결정적 역할을 담당하고 있다는 것이 현대 생물학자들의 주장입니다. DNA는 수십억 개의 원자가 들어 있는 거대한 분자입니다.

(2) 물질대사(物質代謝, metabolism)

무생물체는 두 가지 물질이 화합하면 새 물질이 되는 변화 작용만 있습니다. 기체인 수소와 산소를 합치면 액체인 물이 됩니다. 그러나 생물체의 모든 세포들은 물질대사를 하면서 삽니다. 생물체는 자기에게 필요한 물질을 흡수해 동화 작용(외부에서 얻은 에너지원을 자신의 고유한 성분으로 바꿈)으로 자기 몸통을 만듭니다. 식물이 뿌리에서 물을 뽑아 올리고 태양광을 활용해 잎에서 동화 작용을 하면서 꽃을 피우고 열매를 맺습니다. 즉 식물은 잎사귀의 엽록소와 빛의 도움으로 물과 이산화탄소를 이용해서 탄수화물을 만들어 냅니다.

세포가 자기 자신을 유지하고 존속하며 성장시키기 위해 외부에서 에너지와 물질을 흡수하는 기능을 물질대사라고 말합니다.

물리 작용과 화학 작용이 서로 다른 것처럼, 무기물의 변화 작용과 생물의 물질대사나 동화 작용은 질적으로 서로 다릅니다.

(3) 성장

무생물은 개체가 커지는 성장을 하지 않습니다. 눈이 내리는 날 눈덩이를 굴리면 커지지만 그것은 덧붙이는 것에 불과합니다. 겨울에 지붕의 추녀에 달린 고드름이나 동굴 안에 있는 종유석과 석순은 시간이 지날수록 커지지만 그것도 덧붙이는 것일 뿐입니다. 본뜻의 성장은 아닙니다. 그러나 생물은 변질되지 않고 제 몸을 키우며 성장합니다. 기존 세포가 똑같은 세포를 만드는 세포 분열 작용을 통해서 성장합니다. 덧붙임과 성장은 질적으로 다릅니다.

(4) 생식(生殖, reproduction)

무생물체가 깨지면 그 부분 부분이 서로 떨어져 나갈 뿐입니다. 그러나 생물은 제 몸에 손상이 없이 자신과 닮은 새로운 생물체를 생산해 냅니다. 생물은 개체가 죽기 전에 자기 자신과 똑같은 복제본을 만들어 그 주변에 뿌려 놓습니다. 그러면 그 개체는 죽을지라도 그 복제본은 생존해 종이 보존됩니다. 이것이 생식입니다.

(5) 항상성(恒常性, homeostasis)

무생물은 작은 부분이 파손되어도 그것을 보충하는 작용이 전혀 없습니다. 그러나 생물에는 어느 한도 안에서 파손되는 경우 그것을 보충하려는 작용이 있습니다. 칼에 손이 베이면 새살이 나고 새 피부가 생겨 원상 복구됩니다. 이처럼 물질대사를 통해 얻은 에너지와 물질을 활용해 환경에서 일어나는 모든 변화에 끊임없이 적응하려는 능력을 항상성이라고 합니다.

(6) 적응(適應, adaptation)

생물의 종(種, species)은 수 세대를 거치면서 천천히 변화해 적응할 수 있고, 환경이 변화함에 따라 종류가 다양화될 수 있습니다.

이러한 생명 현상이 물리 화학적 작용일 뿐이라고 설명하는 것이 DNA의 이론입니다. 생명 현상에도 물론 물리 화학적 작용이 병행됩니다. 그러나 생명의 원리는 따로 있습니다. 비유로 말하면 음악가는 피아노나 바이올린 같은 악기를 물리 법칙에 따라 사용해 음악을 연주합니다. 음악가가 아닌 사람은 물리 법칙에 따라 악기를 두들겨도 음악이 되지는 않습니다.

3) 생명론

생명이란 무엇인가, 즉 생물의 생명 현상을 일으키는 원동력이 무엇인가에 관해 관념론(觀念論)적 견해와 유물론(唯物論)적 견해의 학설들이 있습니다.

다시 말하면 생명 현상을 설명하는 생명론에서 우선 문제가 되는 것은 생명을 물질 현상만으로 설명할 수 있는지, 아니면 물질 이외에 특수한 어떤 원리가 작용한다고 설명해야 하는지 하는 점입니다.

(1) 생기론

생명 현상을 일으키는 원동력을 물질이 아닌 어떤 특수한 원리의 작용으로 설명하는 학설을 통틀어 생기론(生氣論)이라고 부릅니다.

아리스토텔레스는, 생물은 물질로 구성된 몸통과 생명 현상의 주체인 특수한 원리가 결합되어 있다고 가르쳤습니다. 또한 그는 생명 현상의 원동력인 생명의 원리가 혼이라고 주장했습니다. 생명에 철학적 형식을 부여한 이 영혼론(靈魂論)을 스콜라 철학이 계승했습니다.

근세 이후에도 여러 사상 형식을 갖춘 영혼론들이 제창되었습니다. 이 생기론은 식물의 혼과 동물의 혼, 그리고 사람의 영혼을 구별합니다.

(2) 기계론

생명을 완전히 물질 현상으로 설명할 수 있다고 주장하는 학설을 통틀어 기계론(機械論)이라고 부릅니다.

기계론은 생명 현상을 지배하는 법칙이 무생물계의 물리 법칙과 근본적으로 차이가 없고, 물리 화학의 법칙에 의해 전면적으로 설명될 수 있다고 주장하는 이론입니다.

이 기계론은 17세기에 처음으로 대두되었습니다. 근세에 생물학에서 생명 현상이 하나둘씩 물질적으로 해명되기 시작했기 때문에 생물학자들 사이에서는 기계론이 점차 유력해졌습니다.

그러나 무생물은 분해·화합에 의해 변화하면 그 물질은 더 이상 처음의 물질이 아닌 데 비해, 생물체는 물질대사에 의한 부단한 변화가 그 존립의 근본 조건이 됩니다. 또 기계론의 대부분은 생물체를 복잡하고 정교한 기계와 동일시하지만, 기계에서 화학 변화를 하는 것은 에너지-재료와 연료뿐인 데 비해, 생물체에서는 구성 물질이 동시에 에너지-원물질(源物質)로 변화하는 부단한 자기 갱신이 행해집니다.

생명 현상은 무생물의 존속 원리와는 완전히 다르며, 물리·화학적 법칙으로는 다룰 수 없는 특유의 법칙에 따라서 행해집니다.

① DNA[deoxyribonucleic acid, 데옥시리보스 핵산(核酸)]

1940년대에 이르러 핵산의 중요성이 인식되기 시작하면서 단백질 또는 물질대사만으로 생명을 정의한다는 것은 불충분하다는 의견이 유력해졌습니다. 핵산 중에서도 DNA는 유전자의 본체여서 증식의 기초가 되는 물질이므로 물질대사보다는 오히려 증식이 생명의 기본적 특성이라고도 볼 수 있게 되었습니다. 생물학자들은 생명체의 네 가지 특징이 DNA의 명령에 의해 통제된다고 설명합니다.

DNA는 수십억 개의 원자가 들어 있는 거대한 분자입니다. 이것은 두 개의 거대한 사슬로 구성되어 있습니다. 각 사슬에는 가닥들이 있고 그 가닥들은 사다리의 가로대처럼 서로 연결되어 있습니다. 그래서 전체는 결국 사다리처럼 생겼습니다. 그리고 DNA는 꼬여 이중 나선을 형성하고 있으며, 세포의 중심에 촘촘하게 접혀 있습니다.

DNA의 작용은 다음과 같습니다. 생명체가 얻은 정보는 사다리의 가닥에 쓰여 있으며 네 가지 특별한 글자 코드로 되어 있습니다. 세포 안의 분자는 DNA에 접근해 중요 부분을 여러 코드로 해독하고, 그다음 세포로 들어가 DNA의 명령을 이해하는 데 필요한 단백질을 만듭니다.

DNA는 자기 자신을 복제합니다. 사다리가 두 부분으로 분리되고 각 가닥은 DNA 근처에 있는 화학 물질에서 그 가닥의 대응 짝을 찾습니다. 그러면 결국 두 개의 동일한 DNA 이중 가닥이 생겨나게 됩니다. 이것이 DNA가 자신을 복제하는 방식이며, 모든 살아 있는 유기체의 생식의 기본이 됩니다.

DNA는 생명이 어떻게 작용하는지에 대한 현대적 이해의 핵심입니다. 그래서 오늘날의 생물학자들은 생명 현상의 원리를 DNA로 설명하는 것 같습니다. 하지만 DNA로는 생명 현상들 가운데 하나인 증식에 관해서는 설명할 수 있지만, 물질대사에 관해서는 설명하기가 어렵습니다.

(3) 생명 전체론(holism)

그러나 생명 현상에 관해 육체를 구성하는 물질 상호 간에 물리·화학적 작용만으로는 설명할 수 없는 현상이 많이 있음을 알게 되면서, 21세기에 이르러 기계론과 생기론을 종합한 생명 전체론이라는 학설로 발전했습니다.

생명 현상은 그 개개의 부분에 대해서는 기계론적으로 설명할 수 있지만, 물리·화학적으로 설명할 수 있는 부분들을 한데 모으더라도 전체가 되지는 않습니다. 생명 현상을 전체적으로 통일하는 힘이 있어야 한다는 뜻입니다. 이 전체적 통일의 힘이 생기론적인 견해를 포함하고 있으므로 생명 전체론은 기계론과 생기론의 절충이라고 간주됩니다.

사람의 생명을 보면 손의 기능, 발의 움직임, 내장의 작용처럼 기계론적으로 설명되는 점이 많이 있습니다. 그러나 전체적 생명 현상이 기계론적으로는 설명되지 않습니다. 손, 발, 내장의 작용을 전체적으로 통일하는 힘이 있어야만 비로소 사람이 생명체가 됩니다. 특히 사람만이 수행하는 정신 작용은 더욱 그러합니다.

오늘날의 자연 과학자들은 점차 전체론으로 기우는 경향을 강하게 보입니다.

4) 생명의 원리

물질로 구성되어 있으면서도 비물질인 생명의 원리에 의해 생명 활동을 하는 존재가 생물입니다.

생물은 무기 물질에서 자연 발생적으로 생겨날 수 없습니다. 반드시 특별한 원인이 있어야 합니다. 생물체의 생명 활동은 생물체를 구성하는 물질의 물리 법칙에 따른 이론만으로는 충분히 설명될 수 없는 신비입니다.

생명은 생물을 구성하는 다양한 물질을 질서 있게 통합해 살아 있는 생명체로 만들고 생명 활동을 할 수 있게 만들지만, 생명 그 자체로는 물질이 아니기 때문입니다. 생물체에는 물질이 아니라 생명의 원리가 있어야 몸통을 이루는 물질을 질서 있게 통합할 수 있습니다. 그리고 생명체에서 생명의 원리가 떠나면 생명 작용을 할 수 없게 되는데, 이것이 바로 죽음입니다.

생물의 혼(魂)이 생명 활동의 원리이고, 생명체가 생명 활동을 하게 되는 원동력입니다. 혼은 생명체를 구성하는 다양한 물질을 살아 있는 몸으로 질서 있게 결합시키는 원리이자 원동력입니다. 생물이 죽어서 혼이 떠나면 그 몸통을 구성하던 물질이 모두 분해되어 무기 물질로 환원됩니다.

[1] 식물의 생혼(生魂, anima vegetativa)

식물은 몸통을 이루는 물질과 생명의 원리인 생혼의 결합으로 이루어진 생물체입니다. 식물의 생명 현상의 원리가 생혼입니다. 식물은 생혼에 의해 씨에서 싹이 터 지상에 존재하게 되고 생명 활동, 즉 무기 물질을 흡수해 유기체로 만드는 동화 작용과 이화 작용을 통해 물질대사를 하면서 생존하고 성장하며 번식합니다.

이러한 생혼은 식물의 죽음과 동시에 소멸되고 몸통은 분해되어 무기 물질로 환원됩니다.

① 식물의 생명

초겨울에 낙엽이 다 떨어진 나무는 살아 있는지 죽어 있는지를 정확히 분간하기가 쉽지 않습니다. 생명은 인간의 감각만으로는 감지할 수 없는 신비로운 비물질이기 때문에 생명의 존재 여부를 판별하기가 쉽지 않습니다.

봄이 되어 나뭇가지에 움이 트고, 싹이 나고 잎이 자라기 시작하면 그 나무가 살아 있다는 것을 초등학생도 압니다. 생명 현상은 정상적인 이성을 지닌 사람이면 누구나 감지할 수 있으며, 생명 현상이 나타나는 물체에는 생명이 깃들어 있다는 것도 압니다. 살아 있는 나무는 생명력에 의해 생명 활동을 합니다. 이 생명 현상을 보고 그 나무가 살아 있음을 알게 됩니다. 생명이 떠나 죽은 나무는 물질일 뿐이어서 화학적 변화에 따라 부패하고 분해되어 무기물 원소들로 환원됩니다.

경기도 양평군 용문면에 있는 용문사에는 천 년 된 은행나무가 우람하게 살아 있습니다. 그러니까 천 년 전에 싹이 튼 은행나무 씨앗은 생존 조건이 적합한 이 땅에서 천 년 동안 생존할 만큼 생명력이 내재되어 있었던 것입니다. 그런데 그 작은 은행나무 씨앗 어느 세포나 원소에 천 년을 살아 나갈 생명력이 내재하고 있는지 밝혀내기가 쉽지 않습니다. 식물의 씨는 비옥한 땅에 떨어지면 대체로 뿌리를 잘 내리고 자랍니다. 그것은 일년생의 풀이나 천 년을 산 나무나 마찬가지입니다.

(2) 동물의 각혼(覺魂, anima sensibilis)

동물은 물질로 이루어진 몸통이 생명의 원리인 각혼에 의해 몸체를 이동하면서 무기 물질을 흡수해 유기체로 만들며 성장합니다. 그리고 감각 기능을 통해 환경에 적응하면서 번식합니다.

각혼에는 양심과 자유 의지의 기능이 없기 때문에, 동물은 자기 행위에 대한 책임을 지지 않습니다. 또한 각혼은 동물의 육체로부터 독립된 것이 아닙니다. 동물의 감각적 인식은 언제나 육체와 더불어 이루어집니다. 따라서 각혼은 동물이 죽으면 소멸되고 그 몸통은 분해되어 무기 물질로 환원됩니다.

① 동물의 죽음

등산을 하다가 뱀을 만났습니다. 짚고 가던 지팡이로 후려쳤더니 뱀이 멈춰 섰습니다. 지팡이로 뱀을 툭툭 쳐 보았는데도 뱀은 움직이지 않았습니다. 동물학자였다면 뱀의 죽음을 즉시 확인할 수 있었을 것입니다. 살아 있는 뱀은 생명의 힘으로 재빨리 도망쳤을 테지만, 죽은 뱀의 몸뚱이는 움직이지 못하는 물체에 불과합니다. 지팡이로 후려쳤을 뿐인데 뱀에게 있던 생명 현상이 그 즉시 사라진 것입니다. 이와 관련하여 세포 안에 있는 DNA를 전혀 건드리지도 않았는데 어떻게 생명 활동이 없어졌다는 말일까요?

살아서 재빠르게 움직이던 뱀에 지팡이를 한 번 휘두름으로써 뱀은 움직이지 못하게 되었습니다. 이 현상에 대해서 뱀의 몸통을 이루는 물질 상호 간의 작용이 어째서 멈추게 되었는지는 기계론만으로 설명하기 어려울 것입니다.

뱀의 몸뚱이에서 생명 현상이 나타나지 못하는 것은 생명이 떠났기 때문입니다. 생명체의 구성 요소들을 질서 있게 결합시키는 생명의 원리가 떠나면, 생명체로서의 통합 원리를 상실한 뱀의 몸뚱이는 화학 작용에 의해 분해되어 부패되고 무기 물질의 원소들로 환원되고 맙니다.

(3) 인간의 영혼(靈魂, anima rationalis)

사람은 물질로 이루어진 육체와 생명의 원리인 영혼의 결합으로 이루어진 생물체입니다. 육체와 영혼이 내밀하게 결합해 한 사람이 됩니다. 사람의 생명 현상의 원리가 영혼입니다.

창조주의 모습과 비슷하게 창조된 영혼은 생혼과 각혼의 기능을 초월하여 지성과 양심과 자유 의지의 능력을 가진 이성적 혼입니다. 영혼이 지성적 인식의 원리입니다. 사람이 이성을 통해 창조주를 인식하고 경배하며, 모든 물체의 본성을 알고 지배하고 활용합니다. 그리하여 사람만이 문화 활동을 하고, 문명사회를 발전시킵니다.

사람이 죽어도 영혼은 불멸해 자유 의지로 행한 행위에 대한 책임을 지고 창조주의 심판을 받습니다.

4. 진화론과 하느님의 섭리

1) 창조론과 진화론

(1) 성경 말씀

한처음에 하느님이 아무것도 없는 무에서 빛을 비롯해 우주 만물을 창조하셨다고 성경에 쓰여 있습니다. 하느님이 식물과 동물을 따로 창조하신 다음 마지막으로 사람을 창조하셨다고 기록되어 있습니다. 흙의 먼지로 사람을 빚으시고, 그 코에 생명의 숨을 불어넣으시며 하느님과 닮은 영혼을 결합시키시어 살아 있는 사람을 창조하셨다는 말씀입니다(창세 2,7 참조).

동물들은 모체에서 출산되자마자 대체로 독립적으로 생존해 갈 능력을 가집니다. 그런 반면에, 성장한 다음 다른 종의 동물을 잡아먹기는 해도 그것을 지배하고 활용하는 능력은 없습니다.

유독 사람의 경우에는 출산된 후 3~4년 동안 부모나 보호자의 보살핌이 없이는 생존할 가능성이 희박합니다. 그러다가 성장하면 하느님의 모습을 닮은 영혼 덕분에 지능과 자유 의지와 양심의 기능을 통해 창조주를 인식하고 경배하며 또한 창조주가 위탁하신 피조물들을 관리하고 활용해 문명사회를 이루는 문화 활동을 합니다.

사람은 100년쯤 살다가 죽습니다. 사람이 죽어 그 육체가 무기 물질로 환원되더라도 그 영혼은 불멸해 자유 의지로 행한 생존 행위의 책임을 지고 창조주의 심판을 받습니다.

예수님께서 제자들에게 가르쳐 주신 대로 성경에 기초를 둔 창조론의 믿음은 가톨릭 신자들에 의해 초세기부터 19세기 말까지 흔들림 없이 존속되어 왔습니다.

(2) 진화론

1859년에 다윈은 《종의 기원》을 발표했습니다. 그 책에서 주장한 진화론의 요지는 다음과 같습니다.

첫째, 생물은 필요 이상으로 번식한다(overproduction).

둘째, 개체 간에는 변이가 일어난다(individual variation).

셋째, 이들은 경쟁한다(competition).

넷째, 환경에 보다 잘 적응하는 개체가 확률적으로 생존하게 된다(survival of the fittist).

다섯째, 자연은 이러한 방식으로 생존력이 강한 개체를 선택한다(natural selection).

다윈에 의해 확립된 진화론에 의하면 다종다양한 생물의 존재는 하등한 것에서 고등한 것으로 진화된 결과라고 합니다. 진화라는 말은 생물 집단이 여러 세대를 거치면서 변화를 축적해 집단 전체의 특성을 변화시키고, 나아가 새로운 종의 탄생을 야기하는 과정을 가리키는 생물학 용어입니다.

다양한 생물체들이 격변하는 자연 환경에 적응해 생존하거나 적응하지 못하면 도태된다는 것이 진화론입니다. 그러한 현상을 생물학자들은 생물체들이 돌연변이(突然變異)를 일으켜 생존해 왔다고 설명합니다.

진화론은 시간이 지나면서 하등 생물이 점차 고등 생물로 진화한다는 게 요지입니다. 우주가 빅뱅으로 생겼고, 그로 인해 시간과 공간도 생긴 것입니다. 그래서 매 순간 우주 전체에 변화가 일어나고 있습니다.

진화론은 인류의 기원 및 무생물에서 발생한 생물의 문제로까지 확장되었습니다. 자연을 자연 이외의 것(창조주 하느님)과 연결 짓지 않고 그 자체로 해석하는 생물학에서 유물론적 세계관의 기초를 확립했습니다.

(3) 상식에 대한 재검토

구약 성경 창세기 제1장을 읽은 독자는 "한처음에 암흑 속에서 하느님께서 엿새 동안에 단 한 번의 창조 활동으로 우주 창조를 만족스럽게 완성하신 후 일곱째 날에 피조물로부터 완전히 손을 떼시고 쉬셨다."라는 내용에 깊은 인상을 받을 것입니다.

그러나 창세기 2-3장을 찬찬히 읽은 독자는 하느님께서 사람을 만드시고 아담에게 짐승들과 새들의 이름을 짓게 하시고, 땅을 경작해 식량을 얻도록 하셨음을 알게 됩니다. 즉, 하느님이 사람으로 하여금 만물의 영장으로서 피조물들을 관리하고 활용하도록 맡기셨음을 알 수 있습니다.

간추려 말하면, 한처음에 하느님께서 우주 만물을 창조하셨을 때 완전 무결하게 만드셨을까요? 혹은 미완성인 상태지만, 완성을 향해 발전하도록 만드셨을까요?

또 하느님은 우주 만물을 창조하신 다음 완전히 손을 떼시고 관심을 버리셨을까요? 아니면 계속 존재하도록 보살피시면서 발전하도록 이끄셨을까요?

아담은 어른의 몸으로 창조되었지만, 아담의 후손은 예외 없이 미완성인 아기의 모습으로 태어납니다. 부모가 임신한 배아는 하느님이 창조해 주시는 영혼과 결합되어 태아가 되고 성장합니다. 그러니까 신생아는 그때마다 하느님의 새로운 창조입니다. 그리고 미숙한 아기로 태어난 신생아는 나날이 자라면서 여러 가지를 학습하고 재능을 습득해 성숙한 어른으로 성장합니다. 그리하여 평생을 사는 동안 하느님께서 아버지의 사랑으로 보살피고 이끌어 주심을 체험하는 사람이 많습니다.

생물체의 진화뿐만 아니라 빅뱅으로 존재하기 시작한 우주 전체도 끊임없이 계속 팽창하고 있습니다. 새로운 별이 생성되기도 하고 기존의 별이 소멸되기도 합니다.

진화론은 생물의 진화 능력의 근원이 그 생명체 안에 있다는 것을 전제로 합니다. 그런데 이는 그 생명체를 구성하는 물질에서 진화 능력이 저절로 나온다는 뜻일까요? 이에 대해 즉, 생명의 신비와 그 기원에 대해서 자연 과학은 아직까지 명쾌하게 해답을 주지 못하고 있습니다.

생물에는 엄청난 발전 가능성이 잠재되어 있습니다. 조그마한 은행 열매 안에는 천 년을 생존하는 거대한 은행나무의 가능성이 내재되어 있습니다. 그런데 이러한 현상은 "하느님이 그 생명체를 창조하실 때 그 생명체 안에 부여하신 잠재 능력에 따라서 자연 환경에 본능적으로 적응해 생존하는 것이다."라는 창조론의 설명과 충돌하지 않습니다.

하느님이 창조하신 만물은 창조주의 손에서 완결된 상태로 창조된 것이 아닙니다. 만물은 하느님께서 정해 주신 궁극적인 완성을 향한 진행의 상태로 창조되었습니다. 피조물들을 이러한 완전함으로 이끄시는 하느님의 배려를 하느님의 섭리라고 말합니다. 하느님은 당신께서 창조하신 모든 것을 섭리로써 보호하고 다스리십니다.

창조론과 진화론은 상충되는 개념이 아닙니다. 진화론은 시간이 진행됨에 따라 생물이 고등 단계로 발전한다는 것입니다. 그런데 하느님은 시간을 초월하신 분입니다. 그러니 시작이 없고, 변화가 없고, 끝이 없고 항상 현재로 계시는 분입니다. 이것이 '영원하신 하느님'의 개념입니다.

극단적인 진화론자는 원숭이가 진화해 사람이 되었다고 주장합니다. 이러한 가설에는 두 가지 주장이 내포되어 있습니다.

첫째, 물질로 구성된 원숭이의 육체가 자연 환경에 순응하면서 사람의 육체로 진화되었다는 주장입니다.

둘째, 원숭이의 각혼이 진화되어 사람의 영혼으로 발전되었다는 주장입니다.

그러나 하느님의 모습을 닮은 영혼과 그렇지 않은 동물의 각혼은 차원이 전혀 다릅니다. 동물의 각혼이 사람의 영혼으로 진화될 수 있는 요인이 무엇입니까? 비물질인 혼이 어떻게 진화할 수 있다는 말입니까?

사람의 영혼은 하느님을 닮은 고차원의 독특한 혼입니다. 죽으면 소멸하는 동물의 각혼과 죽어도 불멸하는 사람의 영혼은 전혀 차원이 다른 혼입니다. 그러므로 진화론이 거론될 수 없는 것입니다.

(4) 진화론은 신의 섭리를 알아 가는 과정

다음은 진화론에 관해 〈중앙일보〉와 인터뷰한 기사 중 일부입니다.

2009년은 '진화론의 해'다. 찰스 다윈 탄생 200주년, 진화론의 고전인 《종의 기원》 출간 150주년이 되는 해다. 한때 발명가의 꿈을 꿨던 공학도(서울대 화학공학과) 출신답게 정 추기경은 "우리 인간이 아는 것은 우주 전체의 한 부분에 불과하다. 인간의 과학이 발전하는 과정은 결국 신의 섭리를 알아 가는 과정"이라며 '진화론'에 대해서도 정면으로 답했다.

"창조론과 진화론은 대치되는 개념이 아닙니다. 진화론은 '시간'을 전제로 한 거죠. 시간이 지나면서 점점 고등 생물이 나왔다는 게 요지입니다.

그럼 '시간'이 언제부터 생겼는지를 알아야죠.

시간은 빅뱅 때 생겼습니다. 빅뱅으로 인해 이 우주가 생겼고, 그로 인해 시간과 공간도 생긴 거죠. 그래서 매 순간 변화가 일어나는 겁니다. 그런데 하느님은 어떤 분이실까요? 하느님도 시간의 영향을 받는 분이실까요? 아닙니다. 하느님은 시간을 초월하신 분입니다. 왜냐고요? 하느님은 빅뱅 이전부터 존재하셨기 때문입니다. 이 우주가 생기기 전부터 계신 분이죠. 그러니 시작이 없고, 변화가 없고, 끝이 없는 거죠. 그래서 성경에는 '나는 있는 나다(탈출기 3장 14절, '당신의 이름은 무엇입니까?'라는 모세의 물음에 대한 하느님의 답변)'라고 기록돼 있는 겁니다. 그게 영원한 법이죠."

"그렇다면 영원한 법이 뭔가요?"

"사람 몸의 세포는 7년마다 다 물갈이를 하죠. 저는 70대니까 육체가 열 번 바뀐 거죠. 그런데도 나는 나죠. 결국 나의 육신이 '나'가 아니라는 거죠. 나의 영혼이 '나'라는 겁니다. 그럼 오늘 태어난 아기의 영혼은 언제 만들어진 겁니까. 바로 '지금' 만들어진 거죠. 그러니 진화가 아니라 창조가 되는 겁니다. 하느님에겐 1억 년 전도 '지금'이고, 1억 년 후도 '지금'이죠. 시간을 초월하신 분이니까요. 과거도 없고, 미래도 없죠. 오직 '현재'만 있을 뿐이죠."

정 추기경은 하느님이 우주를 창조하신 법을 '영원법'이라고 불렀다. "그런 영원한 법을 사람이 다 알 수는 없어요. 다만 그 법의 한 부분을 사람의 이성으로 알아낸 것이 바로 '자연법'이죠. 그래서 자연법은 영원법의 일부에 불과한 겁니다. 진화론은 자연법에 속하는 거죠."(백성호, 〈중앙일보〉, 2009년 1월 1일 자)

2) 하느님의 섭리

(1) 섭리의 개념

앞의 기사에서 언급했듯이 과학이 발전하는 것은 바로 인간이 신의 섭리를 알아 가는 것을 뜻합니다. 하느님은 우주 창조 때 각 피조물에게 그 본성에 상응한 목적을 지정하시고, 그 목적 달성을 위한 적당한 수단을 미리 마련해 주셨습니다. 그리고 하느님은 창조하신 우주 만물을 보존하고 주관하십니다. 이것이 하느님께서 우주 창조 때 정하신 질서, 곧 영원법입니다.

피조물을 보존하고 주관하시는 하느님의 행위를 섭리라고 말합니다. 섭리는 일반 섭리와 특별 섭리 두 가지로 구분할 수 있습니다. 하느님이 인간 이외의 우주 만물을 섭리하시는 것을 일반 섭리라고 합니다. 그리고 자유를 부여한 인간에 대해서는 각 인간이 하느님께서 정해 주신 목표를 잘 달성할 수 있도록 특별히 섭리하십니다.

이것이 특별 섭리인데, 하느님께서 인간을 특별히 섭리하시는 것은 인간이 바로 하느님의 모상으로 창조되었기 때문입니다. 인간은 만물의 영장으로서 만물을 대표해 하느님께 영광을 드리고 봉사할 책임과 명예를 가진 특수 지위에 놓여 있습니다. 또한 인간은 장차 하느님의 영원한 행복에 참여할 대상이기 때문에 하느님의 각별한 배려와 그 관심의 대상입니다.

(2) 만물의 보존

우주 만물은 하느님의 창조에 의해 존재하게 된 우연유(偶然有)입니다. 즉 있을 수도 있고 없을 수도 있는 존재입니다. 따라서 우주 만물이 계속 존재할 수 있도록 하느님이 보존해 주시지 않는다면 피조물은 존재하지 않게 될 것입니다. 그러므로 계속 존재하기 위해서는 창조주가 보존해 줘야 합니다. 다시 말하면 피조물을 보존하는 것은 창조를 계속하는 것과 같은 뜻입니다. 태양이 잠시라도 빛을 거둔다면 지구 상의 생명체는 모두 소멸할 것입니다.

하느님의 창조 사업의 전능을 그 어느 피조물에게도 위임할 수 없듯이, 보존 사업의 전능도 그 어느 피조물에게도 위임할 수 없는 하느님의 고유 활동입니다.

하느님은 어떤 피조물이라도 한 번 창조하신 이상 완전히 없어지는 않으십니다. 왜냐하면 무에서 존재를 있게 하는 것은 하느님께 영광이 되지만, 존재하는 것을 없애는 것은 창조 목적을 무너뜨리기 때문입니다. 그러므로 하느님은 창조 능력을 계속 연장하시어 모든 만물의 존재가 지속되도록 보존하십니다.

(3) 하느님의 주관

하느님은 우주 창조 때 모든 피조물의 질서를 정하시어 피조물들에게 제각기 그 본성에 맞는 목적을 정하시고, 또 그 목적 달성을 위한 적합한 수단을 마련하셨습니다. 이것이 섭리의 본 의미입니다.

다시 말하면, 하느님은 모든 피조물을 창조하시고 보존하실 뿐만 아니라 주관하십니다. 하느님께서 창조하신 피조물들을 돌보시고 친히 다스리시어 피조물들로 하여금 적합한 방법으로 제각기 제 본성에 알맞은 목적을 달성하도록 인도하십니다. 이것을 하느님의 주관이라고 말합니다.

목적을 의도하는 자는 반드시 목적 달성에 알맞은 수단도 강구합니다. 따라서 자비하신 하느님의 섭리와 주관을 거부한다면 하느님의 지혜와 선하심과 전능하심을 거부하는 것입니다.

피조물들은 제 나름대로 완전한 상태로 있지만 완결된 상태는 아닙니다. 피조물들은 궁극적인 완성을 향해서 나아가도록 진행의 상태로 창조되었습니다.

생명체들의 진화는 하느님의 일반적 섭리에 의한 현상입니다. 하느님의 섭리는 심오하기 때문에 시간과 공간에 제한을 받는 피조물인 인간의 얄팍한 지능으로는 도저히 통달할 수 없는 부분입니다. 비록 인간이 못 알아듣더라도 하느님의 섭리는 질서 정연하고 확연한 이유가 있음이 틀림없습니다.

3) 하느님의 섭리 법칙

하느님의 섭리는 심오합니다. 다만 인간이 감히 하느님의 섭리에 관한 몇 가지 법칙을 추리한다면 다음과 같습니다.

(1) 하느님의 영광과 인간의 행복

첫째, 우주 창조의 주목적은 하느님의 영광을 현양하는 것입니다. 부차적 목적은 이성적 피조물인 인간의 선익과 행복입니다. 창조의 주목적이 부차적 목적보다 언제나 우선합니다. 우주 창조의 주목적과 부차적 목적은 논리적으로는 구별되지만 실제로는 하나로 귀납(歸納)됩니다.

하느님께 영광과 찬미를 드릴 수 있는 피조물은, 오직 이성을 가진 인간뿐입니다. 그러므로 하느님이 당신을 닮은 존재로 창조하신 인간만이 하느님을 인식할 수 있습니다. 우주 만물의 존재와 피조물들의 질서 정연한 아름다움을 인식할 수 있고, 엄청나게 크면서도 지극히 아름다운 우주를 창조하신 하느님의 능력과 활동에 감사하고 찬미할 수 있는 능력을 가진 피조물은 인간뿐입니다. 그러므로 인간이 하느님께 영광을 드린다면 창조의 주목적이 달성되는 것입니다.

진·선·미의 원천이신 하느님의 존재를 인식하고 그 뜻을 준행해 하느님의 생명에 참여하는 것이 인간이 창조된 목적입니다. 따라서 인간이 하느님의 생명에 참여해 영원한 행복을 누린다면 창조의 부차적 목적이 달성되는 것입니다. 따라서 우주 창조의 주목적이 달성되고 부차적 목적도 달성되는 것입니다.

(2) 인간의 이성과 자유

둘째, 창조의 주목적은 반드시 실현됩니다. 각 피조물은 저마다 고유한 진·선·미의 완전을 드러냅니다. 창조된 모든 것은 제 나름대로 창조주의 전능하심과 선하심, 그리고 완전한 아름다움을 찬미합니다. 이처럼 최고의 걸작품인 피조물들이 창조주를 자랑하면서 영광을 드리고 있는 것입니다.

별의 창조
작자 미상, 1172~1176년,
모자이크, 몬레알레 대성당, 시칠리아, 이탈리아.

그러나 부차적 목적인 개별적 인간의 행복은 실현되지 않을 수도 있습니다. 이성을 부여받은 인간은 우주 만물의 존재와 피조물들의 질서 정연함을 보고 그것을 창조하신 하느님의 존재를 인식하는 것이 당연합니다. 그러나 혹시라도 어떤 사람이 질서 정연한 우주 만물을 보고서도 창조주의 전능하심과 선하심을 인식하지 못한다면, 하느님께서 특별히 부여해 주신 소중한 이성을 활용하지 않는 불행한 사람입니다.

비록 창조주 하느님의 존재를 인식하더라도 하느님께 영광을 드리지 않거나, 아름다운 우주를 창조하신 하느님께 감사와 찬미를 드리지 않는다면 하느님께서 주신 자유를 남용하는 것입니다.

하느님이 계심을 모르거나 알고도 믿지 않는 사람은, 하느님의 뜻을 헤아리고 순종하지 않기 때문에 하느님의 영원한 행복에 참여하지 못할 것입니다. 하느님이 특별히 부여해 주신 이성과 자유를 오용하거나 남용해 하느님께 합당한 영광을 드리지 않았기 때문입니다. 이처럼 자유가 있는 인간은 자기 행위에 대한 책임이 있어 선행에 대한 상도 받고 악행에 대한 벌도 받게 됩니다.

자유는 인류 전체에게 가장 소중한 가치 중의 하나입니다. 피조물 가운데 오직 인간만이 고귀한 자유를 누립니다. 어떤 개인이 자유를 남용해 하느님의 뜻을 어겨 낙오자가 되는 경우가 있음에도, 하느님이 주신 고귀한 선물인 자유는 인간 전체의 선익이기에 하느님은 그 자유를 회수하시지 않고 계속 보존해 주십니다. 전반적이고 전체적인 선익이 개별적 선익보다 우선하기 때문입니다.

(3) 만물의 영장인 인간

셋째, 하느님은 모든 피조물들의 선익을 위해 섭리하시지만, 섭리의 집행은 상급 존재들로 하여금 하급 존재들을 다스리게 하십니다.

하느님은 인간에게 세상을 다스릴 책임을 맡기시어 자유로이 당신의 섭리에 참여할 권한도 주셨습니다.

이처럼 하느님은 인간이 창조 사업을 완성하고, 자신과 이웃의 선익을 위해 조화를 완성하는 지성적이고 자유로운 원인이 되게 하십니다.

때때로 인간들은 무의식적으로 하느님의 뜻에 협력하기도 하지만, 자신들의 행동과 고통을 통해서도 하느님의 섭리에 의식적으로 참여할 수 있습니다. 그렇기에 피조물들을 관리하고 사용하는 인간은 창조주의 뜻에 맞게 자연을 보존해야 합니다.

그러나 현실에서 인간들은, 농산물 증산을 위해 유전자를 조작하고, 인간의 생명 연장을 위해 동물 실험을 실시하며, 반려 동물을 학대하는 등 우주 만물의 영장인 인간이 모든 피조물들을 조작하고 있습니다. 사람은 인간뿐만 아니라 하느님이 창조하신 모든 피조물에 대해서 합당한 가치를 인정하고 존중해야 할 것입니다.

(4) 인간의 청원 기도

하느님은 모든 것을 인간의 구원을 위해 섭리하십니다.

"여러분의 모든 걱정을 그분께 내맡기십시오. 그분께서 여러분을 돌보고 계십니다."(1베드 5,7)

우리가 기도를 하는 것은 하느님의 섭리와 인간을 위한 그 사랑의 계획에 협력하는 일입니다. 하느님께서 베풀어 주신 은혜에 감사하거나 하느님을 찬양할 때, 그때 우리는 우리의 기도가 하느님의 마음에 드셨는지에 대해 알려고 하지 않습니다. 이와 반면에, 우리가 바라고 청하는 기도에 대해서는 결과를 보여 달라고 요청합니다. 도대체 우리는 기도할 때 하느님을 어떤 분으로 여깁니까? 그저 우리 기도를 꼭 들어주셔야 할 분으로 여깁니까? 아니면 주님이요 아버지라고 여깁니까?

실상 우리는 무엇을 기도해야 옳은지 잘 모릅니다. 하느님 아버지는 우리가 청하기도 전에 우리에게 필요한 것이 무엇인지를 알고 계십니다. 그러면서도 우리의 청원을 허락하십니다.

인간이 하느님께 청원할 때 하느님은 개별적·육체적·현세적 선익보다 전체적·영성적·내세적 선익을 우선해 섭리하십니다.

"여러분은 탐내어도 가지지 못합니다. …… 가지지 못하는 것은 청하지 않기 때문입니다. 여러분은 청해도 받지 못합니다. 그 이유는 여러분의 쾌락에 낭비하려고 잘못 청하기 때문입니다."(《200주년 성서》, 야고 4,2-3)

(5) 섭리와 숙명론

하느님께서 세상의 모든 일을 몸소 섭리하신다면 인생도 결국 타고난 운명에 맡길 수밖에 없다는 숙명론(宿命論)에 빠질 것입니다.

그러나 인간에게 자유를 주신 하느님은 인간의 자유를 언제나 소중히 여기십니다. 따라서 하느님의 섭리는 결코 숙명론이 아닙니다. 하느님의 섭리 아래서도 인간의 자유와 능력이 그대로 존속합니다.

예를 들면, 사람의 범죄 행위나 자해 행위 등이 이를 입증합니다. 그러므로 우리는 매사에 하느님 섭리 아래 선을 행하고 악을 피하는 노력을 게을리하지 말아야 합니다.

그리고 언제나 하느님께 기도해야 합니다. 하느님의 섭리는 개인의 청원 기도를 무효하게 만들지 않고 도리어 청하는 바를 들어주시기 때문입니다.

하느님은 피조물들의 활동을 통해서도 섭리하십니다. 하느님은 인간이 자유롭게 당신의 계획에 협력하게 하십니다. 성인들의 모범이 많은 사람들에게 하느님의 거룩하심과 선하심을 보여 줍니다. 사람들은 성인들의 모범을 본받아 거룩한 생활을 하고 하느님의 섭리를 더욱 잘 이해하게 됩니다.

(6) 물리적 악과 윤리적 악

하느님은 진·선·미의 근원이십니다. 선(善, bonum)에는 세 가지 뜻이 있습니다.

첫째, 좋은 것을 뜻하고, 물리적 결함이 없음을 뜻합니다. 예를 들면 좋은 제품은 완전무결한 물건이라는 말과 통합니다.

둘째, 악의 반대말로, 선의 결함이 악입니다. 또한 선은 윤리적 과오가 없음을 뜻합니다. 선한 사람은 거룩한 사람이라는 말과 통합니다.

셋째, 착함을 뜻합니다. 즉, 남을 사랑하고 동정하며, 잘못을 용서하고 남이 잘되기를 바라며 잘되도록 도와줌을 뜻합니다.

인간 사회에서도 덕이 높은 선한 사람은 악을 매우 싫어하고, 잔인하거나 용렬하지 않고 너그러우며, 남을 사랑하고 동정합니다.

선은 적극적이고 완전성을 띱니다. 악은 소극적이고 불완전성을 띱니다. 빛이 없으면 암흑입니다. 있어야 할 것이 없으면 악입니다. 사람에게는 눈, 코, 혀 등 오관이 있어야 합니다. 이 가운데 어느 것이라도 없으면 육체적 장애입니다. 이 육체적 장애, 질병, 고통, 천재지변 등을 물리적 악이라고 합니다.

지성과 자유 의지로 행한 인간적 행위는 마땅히 윤리 규범에 적합해야 합니다. 윤리 규범에 적합하지 않은 인간적 행위는 악행이나 범행입니다. 이것이 윤리적 악입니다.

질서 정연한 우주에 어째서 악이 존재할까요? 모르시는 것이 없고 지극히 선하신 하느님께서 인간사를 섭리하신다면 물리적 악이나 윤리적 악은 왜 있을까요?

하느님께서 물리적 악과 윤리적 악을 허락하시는 것은 신비입니다. 인류의 조상이 하느님께 죄를 지어 그 벌로 우환과 병고, 재난이 이 세상에 들어왔습니다. 하느님은 창조의 주목적과 부차적 목적을 달성하기 위해 환난과 병고를 소극적으로 허용하실 뿐입니다. 인간의 불완전한 본성 때문에 생겨나는 윤리적 악은 하느님께서 결코 원하지 않으실 뿐만 아니라 이미 윤리법으로 금하고 계십니다.

하느님의 섭리는 주목적이 하느님의 영광을 현양하는 것이고, 부차적 목적이 인간의 참행복입니다. 그런데 하느님의 영광은 순경(順境)에서만 현양되는 것이 아니라, 때로는 역경에서 더 잘 현양되기도 합니다. 그러므로 인간의 참행복도 육체적이고 현세적인 행복보다는 내세적이고 영성적인 행복이 더 귀합니다.

① 환난과 병고의 존재 이유

하느님께서 환난과 병고 등 물리적 악을 때때로 소극적으로 허락하신 이유가 무엇일까요? 다음과 같이 하느님의 뜻을 헤아려 볼 수 있습니다.

첫째, 환난, 질병과 고통, 근심과 걱정은 많은 영혼들의 부패를 예방합니다. 육신이 너무 편하기 때문에 그 영혼이 부패하는 경우가 얼마나 많습니까?

둘째, 질병과 고통은 회개를 자극합니다. 예수님께서 말씀하신 '되찾은 아들의 비유'에서 탕자가 끝까지 행복했다면 부모님의 은혜를 생각하지 않았을 것입니다. 그는 어려움을 당하고서야 아버지께 용서를 청하려 찾아갔습니다(루카 15,11-15 참조). 이처럼 어려움을 당할 때 회개를 결심하고 하느님을 생각하는 경우가 흔합니다.

셋째, 다른 사람이 재난이나 사고를 당한 경우에 남을 사랑하는 덕을 실천하는 기회로 삼을 수 있게 됩니다. '착한 사마리아인의 비유' 이야기가 공로를 세우는 기회의 예입니다(루카 10,29-37 참조). 이 세상의 한편에는 어려움이 있기 때문에, 다른 편으로는 이웃 간에 서로 돕고 위로하며 사랑하는 등 감격스러운 미덕의 꽃이 만발합니다.

넷째, 지진이나 홍수 등 천재지변을 당할 때 사람들은 대자연의 오묘한 조화를 모른 채 하느님을 원망할 때가 흔합니다. 폭풍은 공기를 바꾸어 깨끗하게 하고 태풍은 바닷속을 청소한다고 합니다. 사람들은 논에서 애써 가꾼 곡식의 낟알을 참새가 쪼아 먹는다고 불평하지만, 참새가 벌레를 잡아먹지 않는다면 농사가 더 어려워질 것입니다.

다섯째, 집단의 탐욕 때문에 생산되는 유해 식품이나 마약의 유통 또는 인간의 탐욕 때문에 야기되는 전쟁이 천재지변보다 인명을 더 많이 살상합니다. 부실 공사로 인한 건물 붕괴 사고, 철도 사고 등 인재(人災)는 홍수나 화산 폭발 등 천재(天災) 못지않은 재앙입니다.

게다가 이제는 백해무익한 흡연이나 무절제한 음주로 스스로 자신의 건강을 해치는 경우가 흔합니다.

그렇다면 하느님은 왜 악이 존재할 수 없는 완전한 세상을 창조하지 않으셨을까요? 하느님은 당신의 무한한 능력으로 항상 더 나은 무엇인가를 창조하실 수 있습니다. 그러나 무한히 지혜롭고 선하신 하느님은 궁극적 완성을 향해 가는 '진행의 상태'로 세상을 자유로이 창조하셨습니다. 하느님의 계획에 따른 이러한 변화는 어떤 존재들의 출현과 더불어 다른 존재들의 소멸을, 더 완전한 것과 더불어 덜 완전한 것을, 자연의 건설과 더불어 파괴를 포함하고 있습니다. 그러므로 피조물이 그 완성에 도달할 때까지는 물리적 선과 물리적 악은 공존합니다.

② 물리적 선과 물리적 악

물리적 선은 사물들의 질서가 정연하게 유지되는 것입니다. 천체들이 질서 정연하게 제 위치를 유지하고 있으면, 그것이 영원법에 맞는 진리이고 선이며 보기에도 아름답습니다. 국가 간에 질서가 유지되면, 그곳에 사는 국민들은 평화롭고 행복합니다. 사람의 육체도 다양한 기관들의 질서가 정연하게 유지되면 그 사람은 건강합니다. 건강한 육체는 정신까지도 건강하고 아름답게 만듭니다.

그 반면에 물리적 악은 질서가 깨져서 문란해지는 것입니다. 천체들 중

어떤 별이 궤도를 이탈하거나 폭발해 소멸되는 경우에 우주의 질서가 새로 재편성될 때까지 잠시 혼란스러워집니다. 국가 간에 일어난 분쟁이 원만히 해결되지 않으면 질서가 깨져서 무력 충돌이 일어납니다. 그러면 그곳의 국민들은 비극과 고통을 겪게 됩니다.

사람의 육체도 어떤 기관이 고장이 났다면, 그것은 질병이 됩니다. 건강하지 않은 육체는 고통스럽고 아름답지도 않습니다.

> 지금까지 살펴본 것처럼 하느님은 우리를 지극히 사랑하시고, 이 세상 모든 것을 다스릴 권한까지도 부여해 주셨습니다. 그렇게 큰 힘을 가진 우리 인간에게도 어려움과 괴로움이 존재합니다. 인생은 고해(苦海)라는 말이 있습니다. 고통의 바다에서 울면서 태어났다가 슬퍼하면서 죽는다는 뜻입니다.
> 때로는 사랑 그 자체이신 하느님께서 왜 이런 일을 허용하시는지, 또는 방관하시는지 이해하기 어려운 일을 만나게 됩니다. 그 기원과 의미를 알아봅시다.

5. 고통의 문제

앞서 말했듯이 많은 사람들은 인생은 고해라는 말에 공감합니다. 그만큼 이 세상에는 괴로움과 근심이 많아 인생에 잠시도 고뇌가 없는 순간이 없다는 것입니다. 하느님은 선하신데 고통은 어디에서 왔을까요? 왜 악이

창조자 하느님
작자 미상, 1220년,
피지에 템페라, 오스트리아 국립 도서관, 빈, 오스트리아.

나 고통이 존재하지 않는 완전한 세상을 창조하지 않으셨을까요?

하느님은 우주 만물을 완결된 상태로 창조하신 것이 아니라 궁극적인 완성을 향한 진행의 상태로 창조하셨습니다. 하느님의 계획에 따른 창조 사업은 어떤 존재들의 출현과 더불어 다른 존재들의 소멸을 포함하고 있습니다. 그리고 더 완전한 것과 더불어 덜 완전한 것을 포함하며, 자연의 건설과 더불어 파괴를 포함하고 있습니다. 그러므로 피조물이 그 완성에 도달할 때까지는 물리적 선과 물리적 악이 공존합니다.

1) 물리적 악

재앙과 질병과 고통 등이 물리적 악입니다. 물리적 악은 자유와는 상관없는 물질의 무질서입니다. 기계 부품들의 질서가 어긋나면 그 기계는 고장이 나서 움직이지 않습니다. 이것이 물리적 악입니다. 이때 기계가 악하다고 하지 않고 불량하다고 말합니다. 기술자가 그 부품들의 질서를 올바로 회복하면 그 기계는 정상적으로 작동합니다.

물질인 인간의 육체도 다양한 신체 기관들로 이루어져 있습니다. 여러 가지 신체 기관들이 질병으로 인해 질서가 문란해지면 고통을 느낍니다. 이것은 인간의 자유 의지와는 무관한 물리적 악입니다. 의사가 육체의 질서를 바로잡으면 건강이 회복됩니다.

그 반면에 자유를 가진 인간이 고의적으로 사람의 도리를 어기면 그것이 죄악입니다. 이것이 윤리적 악입니다. 윤리적 악은 자유를 남용한 인륜(人倫)의 부조리입니다.

2) 낙원 이야기

하느님은 당신의 모습대로 창조하신 아담과 하와를 에덴 동산에서 행복하게 살도록 안배하셨습니다. 에덴 동산은 모든 사람이 그리워하는 이상적인 낙원이었습니다. 하느님과 사람이 매우 친근했고, 탐스럽고 맛있는 온갖 종류의 과일들이 사시사철 열렸으며, 사람과 온갖 동물들이 조화를 이루어 평화롭게 살았습니다. 에덴 동산 한가운데에는 생명나무와 선과 악을 알게 하는 나무도 자라고 있었습니다.

사람은 낙원에서 에덴 동산을 관리하며 살았는데, 그 노동은 힘든 고역이 아니었습니다. 오히려 피조물을 완전하게 하기 위해 남자와 여자가 하느님께 협력하는 것이었습니다.

하느님이 인간을 창조하셨을 때는 그 육체와 영혼의 결합이 완벽한 조화를 이루고 있었기에 행복했습니다. 그리고 합리적인 이성이 육체의 무절제한 욕정을 완전히 지배함으로써 인간 본성의 완벽한 평형(平衡)이 이루어지도록 하셨습니다. 인류의 조상은 선하게 창조되어 창조주와 친교를 이루고, 주변의 피조물과도 조화를 이루었습니다.

"하느님은 우주 창조의 끝마무리로서 사람을 창조하시고, 낙원에서 살도록 하셨다."(창세 2,15 참조)라는 성경 구절은 균형 잡힌 이상적 인간형을 뜻하는 것입니다.

(1) 선과 악을 알게 하는 나무 열매

영적 피조물로서 자유를 부여받은 인간은 하느님께 자유 의지로 순명함으로써만 친교를 누리며 살 수 있습니다. 그래서 인간에게 선과 악을 알게 하는 나무 열매를 따 먹으면 반드시 죽는다는 금지령을 내리셨습니다.

하느님이 흙의 먼지로 사람을 빚으시고 그 코에 생명의 숨을 불어넣으시어 살아 있는 사람이 창조되었습니다(창세 2,7 참조). 따라서 사람도 다른 피조물처럼 죽음에 부쳐진 존재입니다. 하느님께 성실하면 죽음을 면할 수 있었지만, 하느님께 불성실해 금령을 어기면 필연적으로 죽게 되어 있습니다.

선과 악을 알게 하는 나무는 하느님만이 지니시는 완전한 지식을 상징하는 것으로 여겨집니다. 그러므로 선과 악을 알게 하는 나무 열매, 즉 '지선악과(知善惡果)'를 따 먹으면 반드시 죽는다고 하느님이 말씀하신 것입니다. 피조물인 인간이 자유 의지로 인정하고 신뢰로 지켜야 할, 넘어서는 안 되는 한계를 상징적으로 상기시키는 명령입니다. 창조주께 속해 있는 인간이 창조 질서와 자유를 유지하려면 윤리 규범을 지켜야 합니다.

성경에서 언급된 "선과 악을 알게 하는 나무"의 열매라는 표현은 윤리적인 뜻에서의 착한 행위와 악한 행위뿐만 아니라 사람에게 이익이 되는 것과 손해가 되는 것, 곧 행복과 불행, 더 나아가서는 구원과 멸망까지도 가리킵니다. 인간의 행복과 불행, 구원과 멸망의 여부는 인간이 생명의 주님을 대하는 자세에 온전히 달려 있습니다. 사람이 하느님과 함께 걸으면 행복과 구원이 보장되고 하느님을 떠나면 불행과 멸망이 닥칩니다.

① **뱀의 유혹**(창세 3,1-5)

아담과 하와는 낙원에서 상당한 기간 동안 행복하게 살면서 맛있는 여러 과일을 충분히 먹으며 살았습니다. 그렇기 때문에 굳이 지선악과에 대해 별다른 관심이 없었습니다.

그런데 어느 날 하느님을 배반해 마귀가 된 사탄이 교활한 뱀의 모습으로 나타났습니다. 그는 하와가 하느님을 배반하도록 유혹할 꼬투리를 잡기 위해 안타깝다는 말투로 꼬시기 시작했습니다. "하느님께서 '너희는 동산의 어떤 나무에서든지 열매를 따 먹어서는 안 된다.'고 말씀하셨다는데 정말이냐?"(창세 3,1) 사탄은 하와가 하느님께 반감을 가지도록 당치도 않은 거짓 질문을 한 것입니다.

어떤 나무 열매도 먹지 말라는 도저히 지킬 수 없어 보이는 하느님의 명령을 받은 것이 불쌍하다며 동정하는 듯한 사탄의 말투에 하와가 공연히 끌렸습니다. 하와는 사탄의 거짓말을 꾸짖는 심정에서 단호하게 반박합니다. "우리는 동산에 있는 나무 열매를 먹어도 된다." 그리고 나서 부질없는 부연 설명을 덧붙입니다. "동산 한가운데에 있는 나무 열매만은, 너희가 죽지 않으려거든 먹지도 만지지도 말라고 하느님께서 엄격히 말씀하셨다."(창세 3,2-3 참조)

실은 하느님이 지선악과를 먹지 말라고 말씀하셨을 뿐이고, 그 과일을 만지지도 말라는 말씀은 하시지 않았습니다. 그런데 하와는 마귀의 질문을 핑계로 하느님이 만지지도 말라고 하셨다고 하느님께 관해 불만을 이야기한 것입니다. 벌써 하느님을 거스를 가능성이 있음을 은근히 뱀에게 암시한 것입니다.

뱀은 하와가 하느님께 불만을 가지고 있음을 알아채고, 더욱 적극적으로 나서서 하와를 유혹합니다. "너희는 결코 죽지 않는다. 너희가 그것을

과학의 눈으로 본 인생 239

먹는 날, 너희 눈이 열려 하느님처럼 되어서 선과 악을 알게 될 줄을 하느님께서 아시고 그렇게 말씀하신 것이다."(창세 3,4-5)라고 거짓으로 꼬드겼습니다.

(2) 하와와 아담의 범죄

뱀의 유혹에 넘어간 하와는 하느님이 지혜를 독점하려는 욕심쟁이처럼 여겨졌고, 하느님에 대한 전폭적인 신뢰심이 흔들리기 시작했습니다. 그래서 오기가 나자, 하와 자신도 하느님처럼 선과 악을 알고 싶은 교만한 마음이 들었습니다. 하느님에 대한 신뢰심에 금이 가자 하와는 하느님의 엄중한 경고의 말씀까지 까맣게 잊어버렸습니다. 분수에 넘치게 하느님처럼 되고 싶다는 야욕의 안경을 쓴 하와는 평소에는 유별나게 보이지 않았던 그 열매가 어느 열매보다도 더 먹음직스럽고 소담스러워 보였습니다. 그 열매를 따 먹으면 선과 악뿐 아니라 모든 것을 다 알게 될 것처럼 여겨졌습니다.

당장 손을 내밀어 따 먹지 않고는 한순간도 도저히 참을 수 없을 만큼 맛있는 열매로 보인 것입니다. 그래서 여자는 하느님의 말씀을 완전히 망각한 채 서슴지 않고 손을 내밀어 덥석 그 열매를 따 먹었습니다. 그리고 남자에게도 그 열매를 따 주었습니다.

① 아담의 범죄

사탄이 하와를 유혹하는 데는 쉽지 않은 노력이 필요했습니다. 우선 사탄은 하와가 하느님의 뜻을 어길 가능성이 있는지를 떠봐야 했습니다. 하와가 하느님에 대한 불평을 사탄에게 암시하자 사탄이 본격적으로 하와를 유혹했습니다. 그 반면에 아담은 지선악과를 따 먹으면 죽는다는 하느님의 엄중한 계명을 하와보다 먼저 하느님으로부터 직접 들었습니다. 그럼에도 하와가 따 주는 지선악과를 망설임 없이 선뜻 받았습니다. 아담은 무슨 과일이냐고 묻지도 않았고, 하느님이 금하신 지선악과를 왜 따 주었느냐고 따지지도 않았습니다. 아담은 하와보다도 훨씬 쉽게 사탄의 유혹에 넘어가 선뜻 지선악과를 먹었습니다.

이처럼 남자와 여자가 자유를 남용하였고 창조주의 계명에 불순종하는 범행의 공범자가 되었습니다.

뱀이 유혹한 대로 아담과 하와는 악을 직접 체험하며 선과 악을 알게 되었습니다. 뱀의 유혹에는 약간의 진실이 섞여 있습니다. 완전한 거짓이라면 아무도 사기꾼의 유혹에 넘어가지 않습니다. 인간이 당하는 모든 유혹에는 인간이 핑계를 꾸며 낼 만한 부분적인 진실이 섞여 있게 마련입니다. 하와가 하느님처럼 선과 악을 알고 싶은 교만이 없었다면 인류가 죄에 따른 불행을 겪지 않았을 것입니다.

② 선과 악을 알게 된 아담과 하와

지선악과를 먹어서 선과 악을 알게 된 아담과 하와는 자기들의 행위가 하느님의 뜻을 순종하는 선행이 아니고 하느님의 뜻을 어기는 악행임을 깨달았습니다. 그리고 자기들이 알몸인 것을 비로소 알게 되었습니다. 알몸을 부끄러워하는 수치심은 육체에 대한 영혼의 통제를 반항하는 불복종을 암시합니다. 사람의 영혼이 그의 근원인 창조주께 거역함으로써 사람의 육체도 그의 생명의 주체인 영혼의 통제를 거역하게 된 것입니다.

아담과 하와는 지선악과를 먹음으로써 서로를 전폭적으로 믿지 못하게 되어 서로가 숨기는 부분이 생기게 되었습니다. 그 결과 서로가 몸의 부끄러운 부분을 가렸습니다. 순진한 아기들은 알몸을 가리지 않습니다. 지선악과를 먹은 죄 때문에 순진함을 잃은 두 사람은 몸을 나뭇잎으로 가리고 부끄러워했습니다. 남자와 여자는 자기들의 나약함을 알아볼 뿐만 아니라, 하느님 앞에서 자신들을 감추듯이 서로가 서로에게 자신을 감추게 된 것입니다.

하느님을 거역한 죄로 인간은 하느님보다 자기 자신을 더 선호하게 되었고, 그에 따라 하느님을 무시하게 되었습니다. 곧 인간은 자기 자신을 선택함으로써 하느님을 거역했고 피조물인 자기 신분의 처지를 거슬렀으며, 결국은 자신의 선익까지 거슬렀습니다.

하느님은 본시 인간을 거룩한 상태에 있게 하시고 영광 안에서 충만히 신격화하기로 정하셨습니다. 그러나 악마의 유혹에 넘어간 인간은 하느님을 따르지 않으면서도 하느님처럼 되기를 원했습니다. 결국 그 후의 모든 죄는 하느님에 대한 불순종이 되고 하느님의 선하심에 대한 신뢰의 결핍이 되었습니다.

(3) 하느님의 심판(창세 3,8-11 참조)

무더운 한낮이 지난 뒤 동산에는 시원한 산들바람이 불어왔습니다. 하느님께서 늘 하시던 대로 동산을 거니시는 소리가 두 사람 귀에 들려왔습니다. 남자와 여자는 지선악과를 먹은 사실을 하느님께 숨기려고 서로 얼굴을 마주 보며 아무 말도 하지 말자고 눈짓을 했습니다. 공범자답게 둘이 손을 잡고 얼른 나무 사이에 숨었습니다.

하느님이 부르시기도 전에 반가워서 "하느님" 하고 소리 지르면서 나타나던 아담이 안 보이자, 하느님은 "너 어디 있느냐?"(창세 3,9) 하고 부르셨습니다.

아담은 나무 그늘 속에 숨은 채로 "동산에서 당신의 소리를 듣고 제가 알몸이기 때문에 두려워 숨었습니다."(창세 3,10) 하고 떨리는 음성으로 모기 소리만큼 작게 대답했습니다. 사람이 하느님으로부터 격리되어 있으려고 숨은 것은 범죄 때문에 생명의 근원이신 하느님과의 친교를 상실했음을 뜻합니다.

결국 하느님께서 아담에게 "네가 알몸이라고 누가 일러 주더냐?"(창세 3,11) 하고 물으셨습니다.

① **책임 전가**(창세 3,11-13 참조)

하느님은 아담에게 "내가 너에게 따 먹지 말라고 명령한 그 나무 열매를 네가 따 먹었느냐?"(창세 3,11) 하고 추궁하셨습니다. 아담은 "당신께서 저와 함께 살라고 주신 여자가 그 나무 열매를 저에게 주기에 제가 먹었습니다."(창세 3,12) 하고 변명했습니다. 자기는 잘못이 없고 하느님이 하와를 같이 살라고 주셨기 때문에 이런 일이 벌어졌다는 것입니다. 결국 하느님 탓으로, 또한 하느님이 주신 하와 탓으로 책임을 전가한 것입니다.

하지만 아담은 하느님께 그 지선악과를 먹지 말라는 명령을 직접 들었습니다. 그런데도 하와가 그 지선악과를 따서 줄 때 하느님의 명령을 하와에게 깨우쳐 주지 않았습니다. 그리고 자기는 먹지 않겠다고 말하지도 않았습니다. 하와가 아담에게 그 지선악과가 참으로 맛있고 건강에도 좋다고 떠벌리면서 그 과일을 먹으라고 강요한 것도 아닙니다. 그런데도 아담은 자기가 주저하지 않고 덥석 받아먹은 지선악과에 대해서 몰염치하게도 모든 책임을 하와에게 전가한 것입니다.

하느님이 하와에게 "너는 어찌하여 이런 일을 저질렀느냐?"(창세 3,13) 하고 추궁하셨습니다. 그러자 하와도 "뱀이 저를 꾀어서 제가 따 먹었습니다."(창세 3,13) 하면서 그 책임을 사탄에게 돌렸습니다. 하와는 자기가 사탄에게 유혹할 빌미를 준 사실은 숨기고 사탄이 유혹한 탓이라고 변명했습니다.

[4] 처벌
① 뱀에 대한 처벌

하느님께서 뱀의 모습으로 하와를 유혹한 사탄에게 말씀하셨습니다. "네가 이런 일을 저질렀으니 너는 모든 집짐승과 들짐승 가운데에서 저주를 받아 네가 사는 동안 줄곧 배로 기어 다니며 먼지를 먹으리라."(창세 3,14) 하시며 가장 굴욕적인 멸시와 경멸을 받으라는 벌을 내리셨습니다. 먼지를 먹는다는 표현은 패배를 상징합니다.

짐승 가운데서 가장 간교한 뱀이 저주를 받아 가장 비참한 짐승이 된 것입니다. 결국 간교함이 저주를 부른 것입니다. 한편 이 저주는 뱀이 왜 발 없이 배로 기어 다녀야 하는지를 밝혀 주는 말씀 같습니다.

하느님은 이어서 뱀과 여자 사이가 대대손손이 적대시하도록 처벌하십니다. "나는 너와 그 여자 사이에, 네 후손과 그 여자의 후손 사이에 적개심을 일으키리니 여자의 후손은 너의 머리에 상처를 입히고 너는 그의 발꿈치에 상처를 입히리라."(창세 3,15)

하느님의 이러한 처벌은 크게 두 가지로 이해할 수 있습니다.

첫째, 이 처벌은 여인의 후손과 뱀의 후손 사이에 벌어질, 죽음을 건 끝없는 투쟁을 예고합니다.

둘째, 이 처벌은 먼저 뱀을 겨냥하기에 인간에게 유리한 결말을 엿볼 수 있게 해 줍니다. 뱀은 머리에 타박상을 입는 반면 여자의 후손은 그 발꿈치에만 상처를 입습니다. '상처를 입히다'로 번역한 동사는 '으스러뜨리다'를 뜻하기도 합니다.

② 여자에 대한 처벌

그리고 하느님은 여자에게 임신과 출산의 고통을 선고하셨습니다. 출산의 진통은 인간 육체가 겪는 고통 중에 가장 참기 힘든 고통이라고 합니다. "나는 네가 임신하여 커다란 고통을 겪게 하리라. 너는 괴로움 속에서 자식들을 낳으리라. 너는 네 남편을 갈망하고 그는 너의 주인이 되리라." (창세 3,16) 뱀이 여자를 유혹한 벌로 뱀과 여인 사이에 원한이 맺어진 것처럼 여자가 남자에게 지선악과를 따 주어 먹게 한 벌로 남편이 아내의 주인이 된다고 말씀하셨을 것입니다. "네 남편을 갈망한다."라는 말씀은 남편을 향한 아내의 성적 욕구를 언급한 것입니다. 이와는 달리 아가서에서는 신부를 향한 신랑의 욕구를 언급하고 있습니다(아가 7,11 참조).

③ 아담에 대한 처벌

하느님은 아담에게 먹고살기 위해 죽도록 고생하다가 죽으리라고 선고하셨습니다. "네가 아내의 말을 듣고, 내가 너에게 따 먹지 말라고 명령한 나무에서 열매를 따 먹었으니, 땅은 너 때문에 저주를 받으리라. 너는 사는 동안 줄곧 고통 속에서 땅을 부쳐 먹으리라. 땅은 네 앞에 가시덤불과 엉겅퀴를 돋게 하고 너는 들의 풀을 먹으리라. 너는 흙에서 나왔으니 흙으로 돌아갈 때까지 얼굴에 땀을 흘려야 양식을 먹을 수 있으리라. 너는 먼지이니 먼지로 돌아가리라."(창세 3,17-19)

낙원에서 아무 근심 걱정 없이 호강하며 살던 인간이 무엄하게도 하느님처럼 되겠다며 교만한 야욕으로 하느님께 반역했습니다. 그 때문에 하느님은 인간이 흙으로 빚어진 피조물임을 항상 명심하게 하는 벌을 내리십니다. 우선 생명의 근원인 창조주께 반항했으므로, 인간은 생존하려면 흙으로 농사를 짓고 얼굴에 땀을 흘리는 고생을 해야 하는 벌을 받았습니다. 영원히 존재하시는 하느님과 같아지려는 교만을 부려서 죽음을 선고받은 것입니다.

인간이 생명의 근원인 하느님을 거역했으므로 인간에게 생명의 양식을 제공해야 할 땅도 인간을 거역했기에, 농사는 쉽지 않은 힘든 고역이 되었습니다. 인간이 먹을 것을 얻기 위해 고생을 하다가 결국에는 죽게 된 것입니다. 하느님의 벌은 인간의 이익을 고된 것으로 만들고 인생을 죽음에 넘기는 것으로 드러납니다.

이 불순종의 사건을 두고 "인간은 흙에서 난 몸이니 흙으로 돌아갈 것이다."라고 분명히 예고한 결과가 마침내 현실로 나타나게 됩니다. 죽음이 인류 역사 안으로 들어오게 된 것입니다.

④ 낙원에서 쫓겨남

 선과 악을 분별할 수 있는 능력은 임금의 탁월한 자질 가운데 하나로 여겨지는 특권입니다. 아담과 하와가 지선악과를 따 먹음으로써 임금의 특권을 누리게 된 것입니다. 하느님은 아담과 하와에게 지선악과를 따 먹음으로써 알게 된 지식은 기정사실로 인정해 주셨습니다. 그러나 지선악과를 따 먹으면 반드시 죽는다고 경고하신 말씀은 실현되어야 했습니다. 그래서 그들이 지선악과 바로 옆에 있는 생명나무의 열매까지도 따 먹지 못하도록 조처할 필요가 있었습니다.

 고대 근동 아시아 지역 민족들은 모든 생명체들, 즉 신들과 인간들과 동물들이 생명나무 열매를 먹으며 생명을 유지한다고 믿었던 것 같습니다. 그래서 잠언에서는 생명나무를 하느님의 지혜를 얻는 것과 연관 지어 "지혜는 붙잡는 자에게 생명나무가 되고 지혜를 잡는 사람에게는 행복을 준다."(잠언 3,18 참조)라고 표현했습니다.

 하느님은 아담과 하와의 불순종에 대한 벌로써 이들 부부를 에덴 동산에서 추방하시어 낯설고 험악한 생활 조건 속에서 흙을 일구어 힘겹게 농사를 지어 먹고살도록 조치하셨습니다. 에덴 동산에서의 추방은 하느님의 세계와 인간의 세계 사이에는 명백한 분리가 필요하다는 반성을 전제로 하는 것 같습니다. 하느님께서 사람을 에덴 동산에서 내쫓으신 다음 다시 되돌아오지 못하도록 에덴 동산 동쪽에 커룹들과 번쩍이는 불 칼을 세워, 생명나무에 이르는 길을 지키게 하셨습니다.

생명의 열매를 먹지 못하게 된 아담과 하와는 평생 고생하다가 죽었습니다. 그 후손들도 고생스럽게 인생을 살다가 죽을 수밖에 없게 되었습니다. 이러한 불행을 회복할 길이 없었습니다. 결국 자비하신 하느님께서 불쌍한 인간을 다시 생명으로 되돌려 주시고자 천주 성자 예수 그리스도를 이 세상에 파견하셨습니다.

(5) 불순종의 비극적 결과

아담과 하와가 범한 첫 불순종은 비극적 결과로 나타납니다. 아담과 하와는 원초의 신성한 은총을 잃어버렸습니다. 그들은 하느님께서 당신의 특권에 집착하시는 분이라고 잘못 생각하고 그분을 두려워하게 되었습니다.

그들이 원초의 의로움으로 누리던 조화는 파괴되어, 육체에 대한 영혼의 영적 지배력이 손상되었습니다. 남자와 여자의 결합은 갈등의 지배 아래 놓이게 되어 그들의 관계는 탐욕과 지배욕으로 얼룩지게 되었습니다. 피조물들과의 조화도 깨졌습니다. 보이는 피조물은 인간에게 낯설고 적대적인 것이 되었습니다. 인간 때문에 피조물은 '멸망의 사슬'에 매이게 되었습니다.

낙원에서 행복하게 살도록 안배된 인간이 하느님의 배려를 거역함으로써 낙원을 황무지로 만들었습니다. 사람이 자유를 남용해 하느님께서 정해 주신 목적을 불순종하게 되었습니다. 그에 따라, 하느님의 모습대로 창조된 신령한 영혼은 물질인 육신과 서로 상극해 평화를 이루지 못하게 되어, 행복이 멀어졌습니다. 타락한 원조(元祖)의 후손으로 태어나는 인간은, 이성이 욕정을 완전히 지배할 수는 없게 되어, 인간 본성의 균형이 영구히 파괴된 상태에서 평생을 살게 된 것입니다.

낙원에서 쫓겨난 실낙원 이야기는 사람이 자신의 근본인 하느님의 권위에 도전하고, 그분에게서 독립하려 하면 불행을 자초하는 것임을 가르쳐 줍니다. 즉, 사람이 하느님을 거역하면 하느님과의 관계, 동료와의 관계, 피조물과의 관계가 깨져서 결국에는 평화가 오기 어렵게 된다는 뜻입니다. 오늘날 전 세계 어느 곳에서든지 잔인한 전쟁이 끊이지 않는다는 참혹한 현실이 이것을 방증합니다.

인류의 타락 이야기는 상징 언어를 사용하고 있지만, 인류 역사의 시초에 일어났던 사실을 말하고 있습니다. 이 원초적인 범죄가 인류 역사에 나쁜 영향을 미치는 원죄(原罪)입니다.

첫 범죄 이후로 이 세상에는 죄가 범람하게 됩니다. 카인이 아벨을 죽인 형제 살해를 비롯해, 죄로 인한 전반적인 타락이 이어집니다.

이스라엘의 역사에도 죄가 자주 등장합니다. 특히 하느님과 맺은 계약에 대한 불충과 모세 율법의 위반이 그것입니다. 그리스도의 '구속(救贖)' 이후에도 죄는 그리스도인들 가운데 무수히 나타납니다. 성경과 교회의 성전은 인간의 역사 안에 끊임없이 존재하는 죄와 그 보편성을 환기시킵니다.

하느님의 계시로 성경에 기록된 이 사실은 우리 현실의 경험과 일치합니다. 과연 인간은 제 마음을 살펴볼 때, 자신이 악에 기울어져 있고 선하신 창조주에게서 유래될 수 없는 여러 가지 죄악에 빠져 있음을 발견하게 됩니다. 사람은 가끔 하느님을 자신의 근원으로 인정하길 거부함으로써 궁극적인 목적을 향한 당연한 질서마저 파괴하고, 그와 동시에 자신과 이

옷과 모든 피조물이 이루는 조화도 깨뜨렸습니다.

2) 아담과 그리스도

바오로 사도는 로마에 있는 신자들에게 보낸 서간에서 죄의 역사와 은총의 역사를 명확하게 대비해 설명합니다. 인류의 조상이 창조주 하느님께 불순종해 후손 모두에게 보편적인 죄와 죽음의 상황이 전해졌으나, 그리스도의 죽음과 부활 사건을 통해 의로움과 생명의 상황으로 완전히 반전되었음을 강조하고 있습니다. 바오로 사도는 인류의 조상인 아담을 새 인류와 새 생명의 시초인 그리스도의 예형(豫型)으로 삼고, 아담의 불순종의 결과인 죄와 죽음의 통치를 그리스도의 순종의 결과인 의로움과 생명의 통치와 대조해 설교합니다.

바오로 사도는 아담과 그리스도의 유사점을 밝히면서도, 그리스도의 우월함을 강조하고 있습니다. 그리고 한 사람이 많은 사람을 자신과 같은 운명으로 불러들이는 상황을 설명하면서, 아담과 그리스도 두 인물의 행위가 인류에게 어떤 영향을 주었는가에 대해 초점을 맞추고 있습니다.

바오로 사도가 설교하는 중심 이념은 그리스도와 그분의 업적입니다. 아담이 지은 죄 때문에 세상에는 죽음의 지배가 확립되었으나, 그리스도는 이러한 죽음에서 인류를 구원하셨다는 것입니다. "우리가 하느님의 원수였을 때에 그분 아드님의 죽음으로 그분과 화해하게 되었다면, 화해가 이루어진 지금 그 아드님의 생명으로 구원을 받게 되리라는 것은 더욱 분명합니다."(로마 5,10)

[1] 아담을 통해 세상에 들어온 죄와 죽음의 상황

"그러므로 한 사람을 통하여 죄가 세상에 들어왔고 죄를 통하여 죽음이 들어왔듯이, 또한 이렇게 모두 죄를 지었으므로 모든 사람에게 죽음이 미치게 되었습니다. 사실 율법이 있기 전에도 세상에 죄가 있었지만, 율법이 없어서 죄가 죄로 헤아려지지 않았습니다. 그러나 아담부터 모세까지는, 아담의 범죄와 같은 방식으로 죄를 짓지 않은 자들까지도 죽음이 지배하였습니다. 아담은 장차 오실 분의 예형입니다."(로마 5,12-14)

① 죄와 죽음의 보편성

바오로 사도는 죄와 죽음이 보편적 상황임을 설명합니다. 죄와 죽음은 한 사람으로부터 시작되었지만, 온 인류에게 퍼져 나가 죄와 죽음이 세상을 지배하게 된 것입니다.

물론 죄와 죽음이 확산된 원리가 명료하게 설명되어 있지는 않지만, 세상이 처한 실제의 상황을 보면 자명한 이치입니다. 이러한 죄와 죽음의 보편성은 율법 이전과 이후에도 마찬가지로 적용됩니다.

인류의 조상이 범한 죄는 인간을 하느님에게서 분리시켰습니다. 인간이 하느님과 멀어지는 분리가 영원한 영적 죽음이고, 육체의 죽음은 그 영적 죽음의 표징입니다(지혜 2,24; 히브 6,1 참조). 아담은 인류 전체를 대표하고 또 내포하기 때문에 그의 죄로 모든 인간이 죄를 지었다고 할 수 있는 것입니다. 그리하여 모든 사람에게 죽음이 미치게 되었습니다.

② 율법 이전의 사람들

유다인의 입장에서 인류의 역사를 본 바오로 사도는 모세의 율법이 제정되기 전에도 세상에 죄는 있었지만 율법이 없었기 때문에 그 죄가 법의 다스림을 받지 않았다고 설교합니다.

하느님에 대한 거역이라는 넓은 의미의 죄는 율법 이전에도 이미 있었습니다. 죄를 율법의 위반으로 볼 때, 율법 이전의 죄라는 개념은 모호해집니다. 다만 율법 이전에는 이 죄가 치죄(治罪)되지는 않았지만, 죄의 결과인 하느님과의 단절에서 오는 죽음은 아담 이후의 모든 인간을 지배해 왔습니다.

"율법이 있기 전에도 세상에 죄가 있었지만, 율법이 없어서 죄가 죄로 헤아려지지 않았습니다."(로마 5,13)라는 구절은 학자들 간에 두 가지로 해석됩니다.

첫째, 율법이 아직 공포되지 않았던 아담에서 모세까지의 시대에 살았던 사람들은 죄인이기는 했지만, 율법이 없었으므로 죄인에게 적용되는 형법에 따른 죽음의 벌이 적용될 수 없었습니다. 그래서 이들은 자기들이 지은 죄 때문이 아니라 아담의 죄 때문에 죽음의 운명을 겪었다는 것입니다.

둘째, 율법 이전 시대에 살았던 사람들이 저지른 죄 역시 죽음의 위력을 지니므로, 죽음은 순전히 외적인 벌이 아니라, 아담의 잘못으로 인류를 지배해 온 바로 그 죄가 지닌 본성의 결과라는 것입니다.

③ 아담은 그리스도의 예표

바오로 사도는, 모세 이전에도 죄가 모든 인류를 지배했는데, 아담이 지은 것과 같은 방식으로 죄를 짓지 않은 사람까지도 그 지배를 받았습니다. 이는 사람들이 알게 모르게 죽음의 권세 안에 갇혀 있었음을 뜻하는 것입니다(로마 11,32; 갈라 3,22 참조). 이 죽음의 권세는 아담에게서 시작되었습니다. 아담은 죽음의 위력에 굴복한 죄 많은 인류 전체를 대표하고 또 내포합니다. 이러한 죽음의 권세는 그리스도께서 승천하시는 날에 극복됩니다.

아담은 그리스도를 첫째는 긍정적으로, 둘째는 부정적으로 예표합니다.

첫째, 아담은 첫 인간으로서 '모든 피조물의 맏이'이신 그리스도를 긍정적으로 예표합니다(콜로 1,15; 로마 8,29 참조).

둘째, 부정적 예표는 아담은 죄와 죽음의 보편적 통치를 계시한 사람이고, 반면에 그리스도는 은총의 보편적 통치를 시작하신 분이라는 것입니다. 따라서 아담은 부정적으로 예수님을 예표합니다. 사실 바오로 사도도 아담과 그리스도의 유사성보다는 대립되는 차이를 강조하고 있습니다(로마 5,15 참조).

(2) 아담의 죄와 비교될 수 없는 하느님의 은사

"그렇지만 은사의 경우는 범죄의 경우와 다릅니다. 사실 그 한 사람의 범죄로 많은 사람이 죽었지만, 하느님의 은총과 예수 그리스도 한 사람의 은혜로운 선물은 많은 사람에게 충만히 내렸습니다. 그리고 이 선물의 경우도 그 한 사람이 죄를 지은 경우와는 다릅니다. 한 번의 범죄 뒤에 이루어진 심판은 유죄 판결을 가져왔지만, 많은 범죄 뒤에 이루어진 은사는 무죄 선언을 가져왔습니다. 사실 그 한 사람의 범죄로 그 한 사람을 통하여 죽음이 지배하게 되었지만, 은총과 의로움의 선물을 충만히 받은 이들은 예수 그리스도 한 분을 통하여 생명을 누리며 지배할 것입니다."(로마 5,15-17)

① 아담의 죄와 하느님 은총의 차이

로마 신자들에게 보낸 서간 5장 15절에서는 아담의 죄로 인한 파괴력과 그리스도로 말미암은 하느님과의 올바른 관계가 주는 위력이 대비되고 있습니다. 바오로 사도는 아담의 범죄의 경우와 그리스도를 통해 내려진 하느님의 은사의 경우를 비교하면서 그 차이를 강조합니다. 아담의 범죄로 인한 죽음의 현실을 그리스도의 은총으로 인한 은혜가 온전히 압도하고도 남는다는 사실을 강조합니다. 물론 한 사람의 행위가 온 인류에 미친다는 공통점이 있지만, 범죄의 결과를 질적·양적으로 한없이 능가하는 은사의 풍성한 결과는 크게 다릅니다.

아담은 하느님께서 가르쳐 주신 길을 벗어나 타락했고, 결국은 모든 후손까지 타락시켰습니다. 그 반면에 그리스도는 하느님의 은총에서 기인하는 '거저 주는 선물'을 가져다주시고, 이 선물을 온 인류에게 풍성하게 부어 주셨습니다. 구원의 은총은 하느님의 아드님이시고 새 인류의 으뜸이신 예수 그리스도의 사업이었습니다.

② 유죄 판결과 무죄 선언의 차이

16절에 나오는 타락은 한 사람이 죄를 지은 결과로 비참하게 무너진 큰 성곽에 비유할 수 있습니다. 그와 반대로 은총은 무너져 버린 돌 하나하나를 새롭게 모아서 그것으로 전보다 멋진 성곽을 이루는 것에 비유할 수 있습니다. 즉, 하느님과 올바른 관계를 맺음으로써 무죄 판결을 받은 인류를 만든 것입니다.

심판은 한 사람의 범죄로 시작되었지만 은사는 많은 범죄로부터 시작해 의화(義化)를 가져왔습니다. 즉, 양적인 차이를 말하는 것입니다. 두 가지 근원을 비교하는 것이 아니라, 그것을 이루는 방법을 말하는 것입니다. "한 사람의 범죄로 모든 사람이 유죄 판결을 받았듯이"(로마 5,18)라는 말씀에서 하느님의 엄격하신 정의가 나타납니다. 그러나 하느님의 자비는 엄격하신 정의보다 더 큽니다. 사람이 거듭 죄를 지어도 하느님은 정의의 심판을 거두시어 인류를 용서하시고, 은총을 거져 주시어 하느님과의 올바른 관계를 회복시켜 주십니다.

③ 생명의 나라

이와 같이 죄와 죽음의 상황을 능가하는 은사의 풍성함이 강조됨으로써 17절의 결론이 도출됩니다. 아담의 죄가 가져다준 죽음의 나라와 그리스도의 속죄로 풍성한 은총을 입은 사람들의 생명의 나라가 대조되어 있습니다. 아담 한 사람으로 말미암아 죽음이 지배하게 되었습니다. 그러나 그와 비길 수 없이 풍부한 은총과 의로움의 은혜를 받은 그리스도인들은 예수 그리스도 한 분을 통해 죽음보다 더 강력하게 생명의 지배를 받게 될 것입니다.

모든 사람은 지금까지 죽음의 지배 아래 있었지만, 이제는 하느님의 은총을 입고 죄의 종살이에서 해방되어 자유를 얻었습니다. 그리하여 '예수

시스티나 성당 천장화: 천지 창조 중 아담의 창조
미켈란젤로 부오나로티(Michelangelo Buonarroti, 1475~1564년), 1511~1512년,
프레스코, 시스티나 성당, 바티칸, 바티칸 시국.

그리스도의 공로로' 영원한 생명에 참여하게 된 것입니다. 사람은 그리스도로 말미암아 올바른 관계를 회복하고 생명을 얻지만, 이것은 모두 예수님의 죽음으로 얻어진 결과입니다.

(3) 영원한 생명에 이르게 하는 은총의 통치

"그러므로 한 사람의 범죄로 모든 사람이 유죄 판결을 받았듯이, 한 사람의 의로운 행위로 모든 사람이 의롭게 되어 생명을 받습니다. 한 사람의 불순종으로 많은 이가 죄인이 되었듯이, 한 사람의 순종으로 많은 이가 의로운 사람이 될 것입니다. 율법이 들어와 범죄가 많아지게 하였습니다. 그러나 죄가 많아진 그곳에 은총이 충만히 내렸습니다. 이는 죄가 죽음으로 지배한 것처럼, 은총이 우리 주 예수 그리스도를 통하여 영원한 생명을 가져다주는 의로움으로 지배하게 하려는 것입니다."(로마 5,18-21)

① 범죄(불순종)와 의로운 행위(순종)의 대조

로마 신자들에게 보낸 서간 5장 18-19절은 같은 주제를 두 가지 표현으로 반복한 것입니다. 이러한 반복을 통해 주제의 여러 측면들이 풍부하게 드러나고 있습니다.

한 사람의 범죄(불순종)로 많은 사람이 죄인이 되었지만 한 사람의 의로운 행위(순종)로 모든 사람이 하느님과 올바른 관계를 가지게 되었습니다.

아담의 범죄와 불순종이 가져온 유죄 판결과, 그리스도의 의로운 행위와 순종이 가져온 의로움의 상황을 반복해 이야기하고 있습니다. 이 두 절은 거의 같은 표현을 사용하면서 범죄와 의로운 행위를 순종과 불순종이라는 면에 대응시키고 있습니다. 이는 하느님과의 관계에서 인간의 행위가 지니는 본질적인 윤리성의 문제를 잘 표현하고 있습니다. 인간 행위의 윤리성의 본질은 하느님의 뜻에 대한 순종과 거절이라는 면에서 드러나는 것입니다.

여기서 바오로 사도는 그리스도 이전에 산 사람들에 관해 언급하지 않지만 그 사람들도 생명을 얻으려면 역시 그리스도의 은총에 힘입어야 합니다.

"한 사람의 순종으로 많은 이가 의로운 사람이 될 것입니다."(로마 5,19)

이 말씀처럼 그리스도의 속죄에는 무한한 가치가 있습니다. 따라서 그 속죄의 은혜를 받은 사람의 수는 제한이 없습니다. 세상 끝 날까지 헤아릴 수 없는 많은 사람이 그리스도를 통해 구원되고 그리스도가 회복해 주신 하느님과의 의로운 관계를 누리도록 부르심을 받게 되는 것입니다.

많은 사람은 자신이 지은 죄 때문에 실제로 올바른 관계를 맺을 수 없지만 하느님께서 온 인류를 올바른 관계에 놓이게 하십니다. 따라서 그리스도께 나아가기 위해 영적으로 순명하면서 노력한다면 의로운 사람이 될 것입니다.

② **율법의 문제**

로마 신자들에게 보낸 서간 5장 20절에서는 율법의 문제가 거론됩니다. 인간의 죄에 대한 고찰에서 빠질 수 없는 율법의 문제는, 인류의 죄와 죽음의 상황을 더욱 명확하게 드러냅니다. 영적이고 거룩한 율법이 본래 하느님으로부터 왔지만 시간이 지날수록 죄를 조장하고 인간의 나약하고 비참한 상황을 심화시키기 때문입니다. 그런데 이렇게 고찰된 인간의 깊은 절망의 상황이 완전히 반전됩니다. 율법이 죄를 밝히고 또 죄를 늘리는 결과를 가져왔지만 그것은 결국 예수 그리스도 안에서 은총이 충만하게 하려는 것입니다. 결국 "죄가 많아진 그곳에 은총이 충만히 내렸습니다."(로마 5,20)

모세 후의 유다인 사이에 죄가 거듭된 것은 하느님께 받은 율법의 결과였습니다(로마 4,15; 갈라 3,1 참조). 그리스도께서 우리에게 주시는 은총은, 아담의 죄가 낳은 직접적인 결과를 제거해 줄 뿐 아니라, 그것을 한없이 초월합니다. 그 은총은, 원죄는 물론 자기가 지은 모든 본죄도 능가할 수 있을 만큼 풍성한 것입니다.

③ 은총의 통치

죄가 죽음을 통해 인류를 보편적으로 지배해 왔듯이, 넘쳐흐르는 은총은 의로움을 통해 그리스도로 말미암아 모든 이가 영원한 생명에 이르도록 보편적인 지배를 지향하고 있습니다. 이것은 질적으로나 양적으로나 죄와 죽음의 상황을 무한히 능가하는 것입니다.

은총의 왕국이 지금까지 군림해 온 죄를 극복하고, 이제는 올바른 관계로 세워진 은총의 나라가 발전하는 것을 방해할 수 없게 되었습니다. 그러나 물론 이 나라는 그리스도께서 주시는 올바른 관계에 참여하는 사람들을 통해 실현되고, 믿는 사람들 사이에서 건설되고 성장되어, 그 밖의 어떤 사람이라도 원하기만 하면 참여할 수 있습니다. 이 나라의 종점은 영원한 생명입니다.

④ 원죄(原罪, peccatum originale) 교리

바오로 사도는 로마인들에게 보낸 편지에서 원죄 교리를 설명했습니다 (로마 5,12-21 참조). 바오로 사도의 뒤를 이어 교회는 언제나 원죄 교리를 다음과 같이 가르쳐 왔습니다.

"인류를 짓누르는 엄청난 비참함, 그리고 악과 죽음으로 기우는 인간의 경향은, 아담의 범죄 사실과 그 죄가 후손에게 전달되어 모든 사람이 영혼의 죽음인 그 죄에 물들어 태어난다는 사실을 분리해서 이해할 수는 없다."

이러한 신앙의 확신에 따라 교회는 죄를 짓지 않은 어린이들에게도 죄 사함을 위한 세례를 줍니다.

아담의 죄가 어떻게 그 후손들의 죄가 될 수 있을까요? 모든 인류는 마치 한 사람의 몸처럼 아담 안에 있습니다. 이러한 '인류의 단일성'으로 모든 사람은 그리스도의 의로움과 연관되듯이 아담의 죄와도 연관됩니다. 그러나 아담의 원죄가 후손들에게 전달되는 사실은 우리가 완전히 이해할 수 없는 하나의 신비입니다. 아담이 하느님으로부터 받은 원초적 거룩함과 의로움은 자기 자신만을 위한 것이 아니라 온 인류를 위한 것이고, 그 사실을 우리는 계시를 통해 알고 있습니다.

아담과 하와가 유혹자에게 굴복해 지은 죄는 본인의 죄이지만, 그 죄가 인간 본성에 영향을 미쳤으므로 타락한 상태의 인간 본성이 후손에게 전달되는 것입니다. 이 죄는 인간 번식을 통해 온 인류에게 전해질 것입니다. 곧 원초적인 거룩함과 의로움을 상실한 인간 본성의 전달을 통해 온 인류에게 전해질 것입니다. 이 때문에 원죄를 비유적으로 죄라고 부르는 것입니다. 원죄는 범한 죄가 아니라 짊어진 죄이며, 행위가 아니라 상태입니다.

원죄는 비록 각 사람에게 고유한 것이기는 하지만, 아담의 어떤 후손에게도 본인의 잘못이라는 성격을 가지지는 않습니다. 인간 본성은 원초적 거룩함과 의로움을 잃었지만, 온전히 타락한 것은 아닙니다. 인간 본성은 그 본연의 힘이 손상되어 무지와 고통과 죽음의 세력에 휘둘려 죄로 기우는 것입니다. 악으로 기우는 이 경향을 탐욕이라고 부릅니다. 세례성사는 사람에게 그리스도 은총의 생명을 줌으로써 원죄를 없애고 하느님께로 돌아서게 하지만, 약해지고 악으로 기우는 인간 본성에 미친 결과는 인간 안에 여전히 남아서 영적 씨름을 합니다.

3) 길이요 진리요 생명이신 예수 그리스도

'예수'라는 이름은 '하느님께서 구원하신다.'라는 뜻입니다. "사람들에게 주어진 이름 가운데에서 우리가 구원받는 데에 필요한 이름은 하늘 아래 이 이름밖에 없습니다."(사도 4,12)

'그리스도'라는 이름은 '기름 부음 받은 이'를 뜻합니다. 구세주를 뜻하는 히브리어 '메시아'를 그리스어로 번역한 것입니다. 예수 그리스도는 '오시기로 되어 있는 분'이시며 이스라엘 사람들이 희망해 온 분이십니다.

예수님은 당신의 전 생애를 통해 우리의 모범이 되십니다. 그분은 우리에게 당신의 제자가 되어 따라오라고 초대하십니다. 예수님은 말씀을 실천하시는 모범을 통해 제자들을 가르치셨습니다.

하느님의 아드님이신 '말씀'께서 사람이 되시어 우리에게 거룩함의 모범을 보여 주신 분이 예수님입니다. 예수님은 "나는 길이요 진리요 생명이다. 나를 통하지 않고서는 아무도 아버지께 갈 수 없다."(요한 14,6)라고 선언하십니다. 그리고 예수님께서 제자들 앞에서 영광스럽게 변모하셨을 때 하느님 아버지께서 "이는 내가 사랑하는 아들이니 너희는 그의 말을 들어라."(마르 9,7) 하고 제자들에게 선언하셨습니다. 예수님은 참행복의 모범이시며, 새 율법의 기준이십니다. "내가 너희를 사랑한 것처럼 너희도 서로 사랑하여라."(요한 15,12) 하고 가르치셨습니다. 그리고 예수님께서 실제로 자기 자신을 내어 주시는 사랑의 실천으로 모범을 보여 주셨습니다.

예수 그리스도는 진리와 생명의 근원이신 하느님 아버지께 가는 길입니다. 예수님이 가신 길을 따라가면 영원한 진리를 터득하고, 영원한 생명을 누리게 됩니다.

또한 예수님은 우주 만물의 근원이시며, 최종 목적이신 하느님 아버지께 갈 수 있는 유일한 길이십니다. 예수님은 하느님 아버지를 완전히 계시하는 분이시기에 진리 그 자체이십니다. 예수님은 말씀과 행동으로 하느님 아버지를 계시하심으로써 진리를 깨닫고 믿는 이들을 충만한 생명이 이루어지는 하느님 아버지와의 일치 속으로 인도해 주십니다.

지금까지 우리는 인간으로서 갖는 근본적 질문을 통해 우리가 인생을 어떻게 살아야 하는지에 대해, 그리고 창조주 하느님의 섭리와 그분께서 우리에게 주신 선물에 대해 알아보았습니다. 또한 가정과 사회 속에서 그분의 뜻과 섭리를 실천하기 위해 노력해야 할 것을 살펴보았습니다.

이제까지 베틀에 앉아 옷감을 지어 내고 있던 우리의 인생을 가만히 되돌아봅시다. 나는 어떤 옷감을 지어 내고 있었습니까? 그동안 나는 진정으로 행복한 사람이었습니까?

시스티나 성당 천장화: 천지 창조
미켈란젤로 부오나로티(Michelangelo Buonarroti, 1475~1564년), 1508~1512년, 프레스코, 시스티나 성당, 바티칸, 바티칸 시국.

책을 끝내면서

하느님의 진리를 찾는 마음으로

　오래전에 금광을 구경한 적이 있습니다. 금광 주인은 저를 반갑게 맞이하면서 주먹만한 차돌 덩어리를 제게 선물로 주었습니다. 그러면서 이것이 '노다지'라고 불렀습니다.

　'노다지'라는 말은 금광에서 '금이 많이 섞여 있는 돌'이라는 뜻으로 쓴답니다. 금광에서 간혹 금이 많이 섞여 있는 돌덩어리가 나타나는 경우가 있었습니다. 그런 경우 그 돌덩어리를 광부들이 가지고 나가지 못하도록 미국인 금광 주인들이 "노터치(No touch, 그것에 손대지 마라.)"라고 했답니다. 한국인 광부들은 그 돌덩어리를 영어로 '노다지'라고 생각했고, 그때부터 금광에서 금이 많이 섞여 있는 차돌 덩어리를 '노다지'라고 부르게 되었답니다.

　사실 제 눈에는 간간이 금줄이 섞여 있는 차돌에 불과했습니다. 그 노다지를 부수어 금을 채취하는 기술이 없는 저로서는 길거리에 굴러다니는 돌과 다를 바가 없었지요. 금광 주인에게는 소중한 물건이어서 저에게 선물로 준 것이었지만, 노다지의 진가를 모르는 저의 반응은 덤덤했습니다.

진가를 모르는 제 모습에 답답해진 광산 주인이 금의 제련 과정을 설명해 주었습니다. 금은 차돌 속에 박혀 있다고 합니다. 금 광맥을 폭약이나 착암기로 파쇄해 이를 제련합니다. 먼저 파쇄된 암석 가운데 금을 함유하지 않는 암석을 육안으로 골라냅니다. 이것이 정제의 1단계입니다.

제2단계로 금을 채취하는 방법이 세 가지 있습니다.

첫째, 아말감법: 암석을 미세한 가루로 만들어 물을 혼합시켜서 진흙상태로 만든 후, 수은을 첨가하면 금과 수은이 혼합해 아말감이 됩니다. 여기에 열을 가하면 수은이 증발되어 금만 남게 됩니다.

둘째, 염화법: 금광석을 용융(溶融)한 다음, 가운데에 염소 가스를 투입시키면 금 이외의 은과 같은 불순물들은 염화물로 증발해 분리됩니다. 이 결과 고품위의 금을 얻을 수 있습니다.

셋째, 시안화법: 시안화금 용액에 산소를 불어넣으면 금이 미립자로 침전됩니다. 이것을 용해해 고체의 시안화금으로 만들고 정제해 고품위의 금을 얻습니다.

이처럼 금은 여러 단계를 거쳐 생산됩니다. 이 모든 비용을 상쇄하고도 남을 만큼 많은 금이 포함된 돌덩어리가 노다지입니다. 노다지가 많이 발굴되는 금광이 사람들이 선호하는 진짜 금광입니다.

하지만 금에 대해 알지 못하거나 욕심이 없는 사람에게는 노다지라도 그냥 광석에 불과할 것입니다.

이처럼 하느님의 진리를 알고자 하는 마음이 없으면 진리의 말씀을 들어도 그 진가를 깨닫지 못하며 그 진리를 인정하더라도 받아들이지 못할 것입니다.

예수님도 제자들에게 심오한 진리를 말씀하실 때 "들을 귀 있는 사람은 들어라."(마르 4,9)라는 말을 덧붙이셨습니다. 들을 귀는 들을 마음, 들을 의향을 의미합니다. 하느님의 진리를 알고자 하는 마음이 있어야 하느님을 인식할 수 있습니다.

그렇게 될 때, 내가 누구인지, 우리 인생의 목표가 무엇인지, 어떻게 살아야 하는지에 대해 진정한 답을 얻을 수 있을 것입니다. 이 책이 여러분에게 자그마한 도움이 되기를 두 손 모아 기원합니다.

찾아보기

[ㄱ]

가정 23, 39, 43, 78, 89, 94, 98, 102, 107, 109~113, 116, 117, 120, 121, 123, 125, 130~132, 141, 149, 185, 262

가정 공동체 101, 112, 120

가정 교육 78, 111, 112

가정생활 39, 50, 111, 125

각혼 213~215, 220

강한 핵력 182

개성 32, 40, 143

거짓말 67, 68, 76, 148, 152~154, 156, 239

결혼 39, 77, 97, 98, 101~109, 113~117, 121

경신덕 84

경외심 51, 86

경제적 일치 109

고등 생물 204, 217, 220

고통 92, 103, 104, 122, 189, 228, 231, 232, 234, 236, 245, 246, 260

공권력 133, 137~140, 147, 157, 158

공동선 82~84, 95, 107, 132~139, 143, 146, 147, 156, 157

공동 책임 83

공동체 39, 40, 50, 68, 83, 102, 129~138, 140~144, 148, 158, 161

공동체 구성원 40, 68, 132, 140, 143

관념 45~47, 155

교만 55, 68, 76, 78, 85, 140, 240, 241, 246

교육적 일치 111

교환 정의 82, 83

국가 공동체 39, 131, 146

국법 140, 144~147

권리 35, 36, 47, 67, 68, 77, 82, 107, 111, 120, 125, 133, 140, 141, 144~146, 155~158

궤도 64, 172, 234
기계론 208, 209, 211, 214

[ㄴ]
낙원 37, 237, 238, 246~249
노동력 138, 160

[ㄷ]
대화 98, 104~106, 109~111, 113, 114, 116, 117, 119~121, 127, 149
도덕성 71~74
도덕적 선택 52
도덕적 양심 51~55
도덕적 행위 47
도리 59, 64, 74, 236

[ㅁ]
마비된 양심 54
망덕 88, 90, 91
물리 법칙 49, 56, 189, 192, 195, 196, 198~200, 207, 209, 211
물리적 악 230~233, 236
물질 26~33, 43, 45~49, 75, 92, 97, 110, 134, 136, 163, 175, 177~182, 184, 185, 187, 190~192, 195~197, 201, 204~215, 219, 220, 236, 248
물질대사 204~207, 209, 210, 212
물질적 선행 163

[ㅂ]
뱀 214, 238~241, 244, 245
범죄 51, 68, 78, 79, 145, 146, 154, 155, 199, 229, 240, 243, 249, 251, 253~257, 259

법적 정의 83, 84
별의 생성 178
본성적 덕행 79, 80
부부 공동체 99, 101
부부 화합 114, 117
분노 17, 77
분배 정의 83
불순종 241, 242, 246~248, 250, 256, 257
불평등 140~142
비방 68, 78, 151, 154, 155
비행 항로 63
빅뱅 이론 174, 175, 177, 178, 181

[ㅅ]
사생활 보호 156
사추덕 81
사회 공동선 107
사회 공동체 94, 146
사회적 일치 107
사회 정의 139, 140
상응률 186, 188, 189
상호 존중 114
상호 협조 39, 132, 142
생기론 208, 211
생명론 208
생명의 원리 30, 207, 208, 211~215
생명 전체론 210, 211
생명 현상 49, 201, 204, 205, 207~215
생물체 189, 192, 202, 204~207, 209, 211, 212, 215, 217, 219
생물학 19, 217
생식 29, 49, 206, 207, 210

생혼 212, 215

선행 21, 40, 60, 70, 71, 74, 75, 79~81, 88, 110, 113, 139, 163, 164, 186, 198, 227, 241

선행의 습관 80, 88

성가정 118, 119, 126

성인 162, 230

성장 35, 36, 70, 81, 87, 88, 92, 107, 123, 149, 204, 206, 212, 213, 216, 218, 259

세계 공동체 133

세포 29, 30, 35, 36, 143, 192, 203~206, 210, 213, 214, 221

소명 41, 58, 59, 99, 101, 103, 136, 139

손재주 159~161

숙명론 229

순종 54, 125, 227, 241, 250, 256, 257

신덕 88, 90, 91

신진대사 30, 36, 204

실정법 101, 144, 194, 195

심리적 일치 103

[ㅇ]

아담과 그리스도 250, 253

아담과 하와 237, 238, 241, 242, 247, 248, 260

아담의 죄 13, 252, 253~255, 258, 260

아부 151

악의 세력 85

악행 170, 74, 75, 127, 151, 154, 198, 227, 231, 241

애덕 78, 88, 91, 151

악한 핵력 182

양심 27, 32, 33, 42, 44, 50~ 56, 59, 65, 66, 68, 72, 80, 82, 85, 88, 128, 138, 144, 166, 198, 199, 214~216

양심 교육 54, 55

양심 수양 55

언어 41, 130, 147, 148, 152, 154

에너지 174, 177~179, 182, 183, 186~189, 191, 197, 202~204, 207, 209

에너지 보존의 법칙 197

연대성 142

영신적 일치 113

영원법 49, 193~195, 198, 221, 222, 233

영원한 생명 50, 86, 90, 91, 94, 164, 256, 257, 259, 262

영장 26~28, 31, 71, 228

영혼 19, 27~29, 31~35, 38, 40, 42, 44~50, 64, 80, 86, 88, 115, 158, 161, 208, 215, 216, 218, 220, 221, 232, 237, 241, 242, 248, 259

영혼의 불멸성 34

예술 법칙 200, 201

예술인 159

예표 252, 253

용기 81, 84~87, 119, 162

우주 17, 19, 26~29, 36, 40, 43, 44, 48, 49, 167, 169, 171~181, 184~195, 199, 205, 217~225, 227, 231, 234, 237

우주 급팽창 이론 174~176

우주 대폭발 이론 173, 174

우주론 171

우주 만물 26~28, 32, 36, 40, 49, 89, 91, 147, 148, 165, 166, 171, 185, 186, 190, 193, 215, 218, 222, 223, 225, 227, 228, 236, 262

우주 배경 복사 42, 174, 175, 177, 178

원소 29, 31, 179~181, 196, 201, 202, 204, 205, 213, 215

원죄 102, 103, 249, 259, 260

원죄 교리 259

유아 교육 122

유용성 156

유혹 19, 55, 65, 69, 70, 84, 86, 157, 238~242, 244, 245

육체적 욕구 47, 48

육체적 일치 105

윤리덕 79~81, 86, 88

윤리 법칙 50, 59, 195, 198~200

은사 253~255

은총의 통치 256, 259

의로운 행위 256, 257

의사소통 40, 67, 108, 116, 120, 122, 147, 148, 150

의지 32, 45, 47, 48, 65, 72~74, 82, 85, 86, 89~91

의지 행위 45, 48

이성 18, 19, 40, 42, 44, 45, 51~53, 55, 69, 72, 80, 82, 144, 146, 147, 186, 194, 195, 198, 199, 213, 215, 221, 225, 227, 237, 248

인간의 행위 71, 257

인간적 행위 65, 71, 72, 231

인격 존중 113, 140

인과율 90, 186, 187, 189

인도적 선행 74, 75

인류 도덕 65

인색 76

인생 17~25, 41, 56, 58, 59, 64, 65, 78, 79, 94, 97, 108, 110, 111, 113, 114, 117, 121, 125, 127, 134, 149, 159, 160, 165~167, 189, 229, 234, 246, 248, 262, 266

인성 교육 110, 111, 123

인식 능력 42

일반 섭리 222

[ㅈ]

자녀 교육 111

자랑 20, 23, 73, 112, 119, 151, 152, 225

자연법 67, 101, 124, 125, 144~146, 194~196, 198~201, 221

자유 33, 48, 50, 55, 56, 59~61, 64~72, 87, 137, 139, 145~147, 156, 158, 190, 198~200, 222, 225, 227, 229, 236~238, 241, 248, 255

자유와 책임 65, 137

자유 의지 27, 48, 65, 70~72, 81, 99, 199, 200, 214~216, 231, 236~238

자유인 69, 70, 146

적응 98, 115, 207, 213, 217, 219

전기 43, 181~185, 191, 197

전자기력 43, 181, 182

절제 75, 78, 79, 81, 86, 87, 127, 146, 157

정의 19, 34, 46, 47, 50, 51, 65, 77, 81~85, 87, 116, 129, 132, 139~141, 145, 152, 154~157, 162, 255

존엄성 27, 36, 40, 67, 102, 132, 133, 140~142, 144, 154, 157

존중 30, 33, 35, 40, 52, 67, 77, 82, 83, 104, 105, 113, 114, 121, 122, 128, 132, 135, 136, 140, 141, 146, 148, 150, 151, 156, 157, 228

죄책 55, 73, 74, 112, 154

죽음의 보편성 251

중력 43, 172, 176, 178, 181, 182, 191, 196

중력파 173, 176

중상 151, 154, 155

지선악과 238, 239, 241~245, 247

지성 26~28, 32, 34, 39, 45, 47, 143, 158, 161, 164, 171, 215, 228, 231

지성인 46, 161

지성적 선행 164

지성적 욕구 47

진화론 215~217, 219~221

질서 27, 28, 49, 68, 72, 80, 81, 89, 94, 107, 136, 138, 141, 143, 146, 181, 185, 186, 190~195, 198, 200, 212, 214, 222, 227, 233, 234, 236, 238, 249

질투 78, 102

집단 39, 130, 133~137, 146~148, 158, 159, 161, 174, 217, 232

[ㅊ]

창조론 215, 216, 219, 220

책임 전가 243

처벌 66, 78, 145, 244~246

천문학 171~173, 179~181

천체 49, 64, 172, 173, 179, 181, 186, 188, 192, 196, 202, 203, 233

청원 기도 228, 230

추리 45~47, 186, 189, 224

축복받는 보금자리 97

출산의 고통 103, 245

친교 102, 103, 237, 238, 243

[ㅌ]

탐식 77

태만 79

특별 섭리 222

[ㅍ]

판단 44~47, 51~55, 71, 72, 74, 82, 87, 116, 150, 151, 162

표현의 진정성 148

[ㅎ]

하느님의 섭리 169, 189, 190, 215, 219, 222, 224, 228~231, 262

하느님의 심판 242

하등 생물 204, 217

항로 62, 63

항상성 207

행복한 가정 39, 127

행위의 목적 66, 72

행위의 도덕성 71~73

행위의 정황 72, 73

행위자의 의향과 목적 72

향주덕 79, 88, 90, 91

현명 52, 53, 55, 68, 81, 82, 87, 106, 108

호색 76, 77

혼인의 합의 99

혼인의 효과 101

환난과 병고 231, 232

DNA 38, 124, 125, 205, 207, 209, 210, 214